KB239968

실업시대
희망사전

실업시대 희망사전

청년실업과 조기퇴직 시대를 사는
우리들의 이야기

┃이용환 지음┃

:: 서 문

이 글은 취업과 실업에 대하여 고민하는 사람들의 글이다. 취업을 준비하는 사람의 이야기이고 현재 실업의 고통을 겪고 있는 사람들의 이야기이다. 그리고 당사자 못지않게 애태우며 옆에서 지켜보는 사람들의 마음이다. 부모의 마음, 배우자의 마음, 형제·자매, 친지들의 마음이 담긴 글이다. 또한 이 글은 대한민국의 미래상을 그려 보려는 사람들의 글이기도 하다. 선진국이 무엇이며 왜 선진화가 필요한 것인가를 후반부에서 다루었다,

이 글은 논문이나 학문적 성과물이 아니다. 퇴직 후 본인이 보고 경험하고 느낀 것을 에세이 형태로 기술한 것이다. 실업이라는 창을 통해 오늘의 시대상을 담아 보려고 했다. 처음에는 있는 그대로 현상을 짚어 보자는 생각에서 시작했지만 정리하다 보니 원인을 분석하고 대안까지 제시하고 싶은 욕심이 발동했다. 따라서 이 책은 단순히 실업의 현상만을 다룬 것이 아니라 오늘을 사는 우리들의 고민과 대안을 담고 있다.

우리 사회에서는 언제부터인가 졸업 시즌이 되면 취업문제가 화두가 된다. 소위 IMF 경제위기로 불리는 1997년 12월 이후

우리 경제는 잠깐 경기회복의 과정을 거쳤지만 경쟁력 제고에 의한 회복이 아니라 개인들의 카드 소비에 기인한 회복이었다. 세계 경제성장률보다 배 가까이 높았던 경제성장률이 IMF 경제위기 이후 10년간은 세계 경제성장률보다 낮은 해가 많았다. 경제가 회복되는가 했더니 2008년 9월 미국에서 유발된 금융위기가 다시금 세계의 경제위기를 가져왔다. 이런 연유로 여전히 경제는 어려운 상황이다. 장기간 내수경기의 침체는 직장에 다니던 사람들까지 실업으로 내몰고 있다. 여기에 '고용 없는 성장'이 화두가 되는 시대이다. 이제는 집집마다 실업자가 있을 정도로 심각하다. 실업문제가 사회적 이슈가 되고 여러 대안이 제시되고 있으나 기대만큼 성과를 이루지 못하고 있다. 이 책에서는 청년실업을 비롯한 중도 퇴직자들이 처한 상황을 있는 그대로 전달하고 나름대로 오늘의 어려움을 극복하고 있는 사례들을 찾아 들려주고자 했다. 그리고 선진화라는 미래의 꿈을 담고자 했다. 새롭게 추가한 제4장의 노동윤리, 외국인 노동자 부문은 「21세기 사랑의 충전소 '공동체'를 세우자」의 책자에서 그리고 제5장의 글은 기존에 발표했던 글을 재정리한 것이다.

이 글을 쓰는 과정에서 새삼스럽게 노동의 가치와 의미에 대해서 생각하게 됐다. 일은 인생에서 중요한 의미를 가진다. 산다는 것 자체가 일의 연속이다. 실업을 경험해 본 사람은 노동의 가치, 일이 주는 가치를 새삼스럽게 깨닫는다. 일을 하고 싶어도 일자리가 없어 놀고 있는 사람에게 일은 남다른 가치가 있다. 이들에게는 현재 직장에 다니거나 자기 사업을 하면서 어렵다고 하는 말들이 푸념으로 들린다. 일하는 사람들에게 휴식은 다음 날의 일을 위해 매우 중요하다. 그러나 실업 상태에 있는 사람들에게는 휴식 자체가 거꾸로 일을 하는 것이다. 이들에게는 일이 그립다.

이 책은 일의 가치를 새롭게 되새기면서 쓴 글이다. 따라서 이 책의 내용은 취업을 준비하는 사람보다 어쩌면 현재 직장을 다니고 있는 사람에게 들려주고 싶은 얘기인지 모른다. 인생은 고해라고 했다. 행복하게 보이는 사람에게도 남모르는 고통과 고민이 있다. 자기의 주어진 현실이 어렵더라도 이를 극복하려는 의지를 갖고 있으면 오히려 오늘의 고통이 성공의 디딤돌이 될 수 있다. 좌절해서는 아무것도 이룰 수 없다. 성공은 좌절을 극복하는 자의 것이다. 인생은 끝없는 도전이다. 무엇보다 스스로 자기 문제를 노정시키고 답을 찾아야 한다. 체면·권위 등에 매달려서는 안 된다. 이런 것부터 극복해야 한다. 그리고 변화된 환경을 있는 그대로 받아들여야 한다. 실업의 문제는 사회적 문제이기에 앞서 결국 개인의 문제이며 자기의 문제이기 때문이다.

이 책은 제목에서 알 수 있듯이 도전적인 글이다. 경쟁사회에서 일자리를 찾지 못하거나 잃어버린 사람들의 우울한 자화상이 아니라 희망을 찾아 노력하는 사람들의 글이다. 또한 능력이 있으면서도 시대를 잘못 만나 현직에서 물러났다고 생각하는 사람들의 얘기가 아니라 포기하지 않고 극복하려는 사람들의 글이다. 현실에 좌절하지 않고 오히려 자기 경험을 살려 사회에 기여하려는 사람들의 삶의 얘기이다.

인생에서 고통을 겪지 않고 성공한 사람은 많지 않다. 성공한 사람은 바로 자기가 겪은 고생을 성공의 발판으로 삼았다. 우리말에 "고생은 사서도 한다."고 했다. 이런 의미에서 오늘 고통의 시간을 보내는 사람들에게 희망의 메시지를 전하려고 했다. 현재의 주어진 상황에 굴복하기보다 오히려 이를 기회로 미래를 개척하고 만들어 가자는 희망을 불러내려고 노력했다. 현실에 좌절하기보다 강인한 정신으로 미래를 개척하는 자세로 용기가 필요하고 그것이 오늘의 어려움을 이겨내는 방법임을 강조하고 있다. 따라서 이 책자가 좌절하고 있는 실업자들에게 조금이라도 희망의 메시지가 됐으면 하는 바람이다.

오늘의 이 글이 세상에 나오게 된 데에는 여러 사람의 도움이 있었다. 먼저 항상 웃음을 잃지 않고 행복한 가정을 꾸려 온 아내와 두 아들의 격려에 고마움을 전한다. 그리고 다시 한번 출판에 도움을 주신 한국학술정보(주)와 이주은 씨에게 감사의 말씀을 드린다.

2010. 6.

이용환

:: 차 례

5장 우리가 가야 할 길은?

제
ㅣ
장

젊은 시절의 지향상

젊음은 희망이다

젊음은 그 자체가 희망이다. 현실이 아무리 어렵다고 하더라도 젊은 시절에는 희망이 있다. 그래서 앞으로 펼쳐질 세상은 이들이 가꾸어 나가야 한다. 삶을 살아가는 긴 여정에서 보면 생의 단계마다 굴곡과 특징을 갖고 있지만 젊은 시절처럼 활기 넘치고 희망에 가득 찬 경우는 없다. 희망이 넘치는 시절은 그래도 이때뿐이다. 취업 때문에 고민하고 취직시험에 떨어져서 좌절도 크지만 그래도 그 시절이 행복한 순간이다. 재도전의 기회가 있기 때문이다. 실패하고 나서 반성하고 원인에 대해 진지하게 생각하고 대처하면 기대한 성과를 얻을 수 있다. 이렇듯 고민과 실패는 변화를 일으키는 동인이다. 따라서 젊은이들은 실패에 좌절하기보다 실패 원인을 분석하고 새롭게 도전하는 자세가 바람직하다.

젊은 날에는 좌절도 하고 넘어지기도 하지만 자기 목표를 향해 가는 여정에서 보면 이는 미래의 보다 나은 발전을 위해 겪는 진통이다. 젊은 시절에 겪는 고통은 긴 인생여정에서 보면 잠깐이다. 그러나 인생여정이 짧은 젊은이들에게는 이런 말이 와 닿지 않는다. 현실이 그만큼 다급하기 때문이다. 그래서 젊은이들에게 고통은 인생을 오래 살아 본 사람보다 더 크게 다가온다. 그래도 젊은이들은 이런 과정을 거치면서 성숙해 간다. 젊은이들의 성숙은 어느 날 갑자기 오는 것 같지만 그것은 오랜 기간 인내하면서 준비해 온 결과이다. 젊은 시절은 인생의 한 기간에 불과하지만 그 영향은 오랫동안 미친다. 따라서 활기 넘치는 젊은 시절에 미래를 맞을 준비를 충분히 하지 않으면 나머지 인생을 어떻게 보낼지 모른다. 인생은 왕복 차표를 발행하지 않기 때문이다. 일단 떠나면 다시 젊은 시절로 돌아올 수 없다. 비록 실패한 상황에서도 미래를 위해 차근차근 준비해야 할 필요성이 바로 여기에 있다. 그 준비는 누가 시켜서가 아니라 자기 스스로 하여야 한다.

젊은이들에게 희망을 갖게 하는 것은 사회의 책임이다. 사회가 젊은이들의 앞길에 도움을 주어야 한다. 그런데 사회로 막 나오려는 젊은이들 앞에 일자리가 없다면 그 젊은이들은 미래에 펼칠 꿈보다는 고통의 현실에 첫발을 내딛게 될 것이다. 이럴 때 젊은이들에게 비친 우리 사회의 미래는 어떠하겠는가? 우리 사회가 떳떳하게 그들에게 도전과 용기를 요구할 수 있겠는가? 사회와 국가는 젊은이들에게 비전과 목표를 제시해 주어야 한다. 모든 용기와 희망은 목표가 주어졌을 때 생겨난다. 개인의 목표도 중요하지만 사회와 국가의 목표는 더욱 중요하다. 국가가 부강하지 않으면 개인도 잘살 수 없기 때문이다. 개인과 사회 그리고 국가는 서로 별개의 것이 아니라 공동체로서 상호 연결되어 있기 때문이다.

젊은 시절에는 이 세상에서 못 이룰 것이 없을 것 같다. 젊음만이 갖는 용기와 미래의 희망 때문이다. 이런 젊은이들에게 처음부터 일자리가 주어지지 않는다면 그들은 꿈을 펼칠 기회도 갖지 못한 채 사회에 첫발을 내딛는 순간부터 실망하고 심지어 좌절하게 될 것이다. 물론 이런 어려움을 극복하는 과정에서 인내심도 강인함도 그리고 도전정신도 키워진다. 그러나 이런 자세는 희망이 있을 때 나온다. 그렇지 못한 상황에서 젊은이들은 꿈도 꾸지 못한 채 조락할 수 있다. 오늘이 어렵더라도 내일을 기대할 수 있을 때 그 어려움이 오히려 젊은이들에게 강인함과 도전정신을 자극하는 동인이 될 수 있다. 열심히 일하면 땀의 대가가 있다고 믿게 될 때 그날을 위해 땀을 흘릴 것이다. 그런 희망이 주어질 때에 젊은이들은 차가운 현실 앞에서도 이를 인내하면서 미래를 준비해 나갈 것이다. 희망은 사람을 강하게 한다. 오늘의 어려움이 있더라도 내일을 기대하는 것은 희망이 있기 때문이다. 비록 오늘의 어려움이 있더라도 희망은 이를 극복할 수 있는 원동력이 된다. 이런 희망을 사회와 국가가 만들어 주어야 한다.

젊은 시절의 희망은 그들의 미래 비전이다. 이것이 젊은이들의 인생여정에서 미래를 길게 보아야 하는 이유이다. 그리고 자기 목표를 향해 차근차근 나가야 한다. 너무 조급하게 생각해서는 안 된다. 지금 정보화 사회라고 하지만 그래도 농사를 짓는 농부의 자세를 우리는 배워야 한다. 한 톨의 쌀을 생산하기 위하여 여름 내내 폭양에서 그들은 땀을 흘리는 것이다. 그들의 흘린 땀이 오늘날처럼 변화무쌍한 기후 때문에 일시에 망가질 수도 있다. 그래도 이들은 미래를 낙관하면서 희망을 갖고 농사를 짓는다. 오늘날 농촌에는 젊은이들보다 나이 드신 분들이 농사를 짓는다. 농사를 짓는 것은 어렵다. 그런데도 열심히 일을 한다. 나이 든 농부가 콧노래 흥얼거리며 밭 가는 모습을 상상해 보는 것도 좋다. 일을 노동으로 생각하고 하면 쉽게 지쳐 버린다. 그러나 이것을 즐기면서 하면 생산성도 높아지고 본인의 건강도 좋아진다. 빨리빨리 문화에 익숙한 젊은이들에게 이런 농부의 모습이 답답하게 생각될지 모른다. 콧노래 흥얼거리며 일하는 모습이 일하는 것처럼 보이지 않고 노는 것처럼 보일지 모른다. 그러나 일하는 모습을 유심히 보면 그렇지 않다는 것을 느낄 것이다. 그들은 지금까지 축적한 노하우를 이용하여 기대보다 높은 생산성을 올리고 있는 것이다.

밭을 가는 일도 무작정 하지 않는다. 그동안의 경험을 바탕으로 먼 지점에 목표를 정하고 트랙터를 몬다. 옆에는 별로 신경 쓰지 않는다. 한 고랑 한 고랑 갈아진 밭을 보면 반듯하게 갈아져 있다. 만약에 먼 지점에 목표를 정하지 않고 앞만 보고 밭갈이를 한다면 곧바르게 되지 못하고 지그재그로 갈아질 것이다. 그것은 자기가 직접 해 보면 안다. 왜 이런 결과가 나오는 것일까? 먼 곳에 목표를 정하고 그 목표가 변하지 않았기 때문이다. 반년 지그재그로 간 사람은 바로 앞만 보고 밭을 갈았기 때문이다. 자기도 모르게 앞의 상황에 따라서 목표가 바뀌기 때문이다. 이렇듯 바로 앞만 보고 가면 나중에 방향이 어떻게 바뀌었는지도 모르게 된다. 이것이 젊은 시절에 미래 자기가 가야 할 방향을 설정하고 노력해야 할 이유가 된다.

실제 용기가 지나쳐 미래 목표도 정하지 않은 채 눈앞의 이익만 바라보다 실패하는 경우가 있다. 또 용기가 지나쳐 만용이 되어서 실패하는 경우도 있다. 젊은 시절에 한두 번의 실패는 곧 만회할 수 있기 때문에 실수가 용인되는 것이다. 젊은 시절의 실수는 인생 어느 단계보다 빠르게 극복할 수 있는 연령대이다. 그래서 젊은 시절의 실수나 실패는 오히려 자산이라고도 한다. 그러나 그런 실수는 한두 번으로 족하다. 그 이상하면 그는 경쟁사회에서 뒤떨어지게 된다. 젊음이라는 이유로 사회에서 모든 것을 용인해 주는 것은 아니기 때문이다. 자기가 할 역할과 책임에 충실했음에도 실수한 경우에만 사회가 포

용하는 것이다. 중요한 것은 그 실수를 다시 반복하지 말아야
한다는 점이다.

왜 청년실업이 문제인가?

　청년실업이란 무엇인가? 노동할 의사가 있는 15～29세 사이의 인력 중 아직 취업하지 못하고 있는 젊은이를 말한다. 선진국 클럽이라고 하는 OECD에서는 15～24세 연령을 청년실업의 기준으로 한다. 우리나라는 군대생활을 고려하여 29세까지를 대상으로 하고 있다. 청년실업이 문제가 되는 것은 청운의 꿈을 안고 학교에서 사회로 나오는 젊은이들의 희망을 꺾기 때문이다. 학교에서 사회로 이동하는 과정에서 일자리 병목현상이 일하고 싶은 젊은이들의 발목을 잡고 만다. 꿈을 안고 자기 능력을 펼치고자 희망에 부풀어 사회 첫발을 내딛는 젊은이들에게 실업은 출발부터 좌절을 안겨 준다.

긴 인생여정에서 보면 젊은 시절에 겪는 고통은 자기 스스로 어려움을 극복하고 살아가는 데 도움이 될 수 있다. 이런 고통의 시간이 단기간에 끝나면 미래를 위한 훈련과정이라고 할 수 있지만 이 기간이 길어지면 그것은 젊은이들에게 희망을 빼앗아 가는 것이 된다. 지금 우리 사회 청년실업의 문제는 이렇게 단기간에 끝낼 수 있는 것이 아니라 구조적으로 고착되어 가고 있다는 데 문제가 있다. 청년실업률은 지난 10년간 지속적으로 7~8% 수준을 보이고 있다. 계절별로는 9%까지 가는 경우도 있다. 전체 실업 증가율의 배 수준이다. 여기에 구직단념자까지 포함하면 그 비율은 훨씬 높아진다.

우리나라의 청년실업률을 OECD 국가와 비교하면 그리 높은 것은 아니다. 그런데도 우리가 체감하는 실업률이 높은 것은 고용률이 낮은 데 있다. 그것도 고용률이 점점 떨어지는 데 있다. 2000년에 43.3%이던 고용률이 2009년에는 40.5%로 떨어졌다. 청년들의 고용률이 낮아지고 실업률이 높아지는 것은 경제성장속도 둔화와 산업구조 고도화 등에 따른 고용흡수력 감소에 기인한 바 크지만 대학진학률 증가로 구직자들의 눈높이에 기인한 것도 적지 않다. 괜찮은 일자리를 찾는 사람은 늘어났지만 인력공급에 부응할 정도로 늘어나지 못하고 있기 때문이다. 학교의 진로교육 미흡과 공공기관의 직업훈련교육의 미진으로 학교에서 직업으로의 일자리 이동이 쉽지 않은 것도 한 원인이다.

청년실업에 대하여 우리 사회가 관심을 갖는 것은 이들이 우리의 미래를 짊어지고 갈 사람들이기 때문이다. 젊은이는 사회발전의 동력이고 이들의 꿈과 희망이 미래의 성장 동력이기 때문이다. 건전한 사회는 일하는 젊은이들이 많아야 이루어질 수 있다. 이런 젊은이들이 미래 우리 사회를 이끌어 갈 동량이고 이들이 건전하게 성장해야 사회 안전판 역할을 할 수 있다. 그런데 이 젊은이들이 자기 꿈을 펼쳐 보기도 전에 시들어 가고 있다. 일을 하고 싶어도 일자리 찾기가 쉽지 않기 때문이다. 그러다 보니 실업이라는 긴 그림자가 젊은이들에게 드리워지고 있다. 심지어 학교를 졸업하고 사회에 나오는 순간 실업자로 전락하는 경우도 늘어나고 있다.

IMF경제위기 이전까지만 해도 매년 12월이 되면 신입직원을 뽑는 기업들이 좋은 인재를 뽑으려고 학교를 순회했다. 경제가 호황일 때는 한 사람이 몇 군데 붙어 놓고 선택하여야 하는 즐거운 고민에 빠지기도 했다. 그러던 취업시장이 IMF 경제위기를 겪고 난 후 이렇게 변하고 말았다. 2008년 말 금융위기로 유발된 세계적 경제위기는 취업시장을 더욱 얼어붙게 했다. 이제는 구조적으로 고착된 느낌이다. 오히려 더욱 악화되고 있다. 기업들의 고용행태도 신입직원 중심에서 경력자 우선의 채용행태로 변화했다. 경비절약을 위한 측면도 있지만 노동시장의 경직성이 큰 요인으로 작용했다. 경제상황이 크게 개선되지 않으면 직장을 다니는 사람도 언제 실업자로 전락할지 모르는 상황이 되어 버렸다. 실업의 문제가 취업하지 못한 젊은 이들의 문제에 국한되지 않고 이미 취업한 사람들에게로 확대되고 있다.

그래도 이런 어려운 상황에서 포기하지 않고 열심히 공부하는 젊은이들에게서 희망을 본다. 도서실에 가면 취직 공부하는 젊은이들을 만나게 된다. 많은 젊은이들은 기회가 왔을 때 그 기회를 잡고자 열심히 공부하고 있는 것이다. 공부하는 사람들에게는 희망이 있다. 젊은 시절의 실패는 실패가 아니다. 이는 학습과정이다. 이들이 겪은 실패는 미래 성공을 위한 자산이 되기 때문이다.

최근에는 국내에서 취직을 포기하고 해외에서 일자리를 찾으려는 움직임이 있다. 좋은 발상이다. 세계가 같이 경제침체를 겪고 있지만 그래도 국내를 넘어서 해외로 대상을 넓게 보는 것은 바람직하다. 어느 기업인이 말한 것처럼 "세상은 넓고 할 일은 많기" 때문이다. 요즘 젊은이들은 외국어를 선배세대보다 훨씬 잘한다. 그만큼 해외에서 일할 수 있는 기회를 잡을 수 있다. 실제 많은 젊은이들이 해외에 나가서 능력을 발휘하고 있다. 지금도 망설이는 젊은이들이 있다면 두려워하지 말고 도전하는 자세를 가질 필요가 있다. 좋은 직장, 괜찮은 일자리만 찾으려 하지 말고 어렵다고 생각되는 일에 도전하는 것이다.

오늘날 많은 중소기업은 젊은이들이 생각하는 것처럼 근로조건이 열악하고 위험이 많은 곳은 아니다. 중소기업 중에서도 근로조건과 급여수준이 괜찮은 곳이 꽤 많다. 중소기업에서 일을 하게 되면 대기업에서 일하는 것보다 배우는 것이 훨씬 많다. 대기업에서는 부분, 부분을 배워 가지만 중소기업에서는 모든 것을 배울 수 있다. 젊은 시절 중소기업에서 열심히 일하고 배워서 자기가 독립할 수도 있다. 미래는 젊어서 고생한 사람들이 성취하는 것이다. 젊은 시절에 평안함을 추구한 사람들은 미래에 경쟁력이 떨어질 가능성이 높다. 아무리 현실이 어려워도 히고자 하는 사람에게 기회는 있다.

취직을 포기하고 처음부터 자기 사업을 하는 사람도 늘고 있다. 칠전팔기의 자세로 현실을 헤쳐 가면 취직한 사람들보다 먼저 성공할 수 있다. 더욱 중요한 것은 스스로 어려움을 극복하는 과정에서 자신감을 갖게 된다. 이런 자신감은 이들에게 아무리 어려운 일도 도전할 수 있는 용기로 나타난다.

유행어는 시대상을 반영

젊은이들 사이에서는 취업과 관련된 용어들이 많다. 이런 용어들은 IMF 경제위기를 겪으면서 만들어지기 시작했다. 이 시대 젊은이들이 사용하는 언어를 보면 이들의 고민을 읽을 수 있다. 이십대 태반이 백수라는 '이태백'은 과장된 표현이지만 취업의 문제가 얼마나 심각한가를 보여 준다. 이 말은 취업시장이 얼마나 좁은지 상징적으로 나타내 주고 있다. '이태백'에 이어서 대신 이십대 90%가 백수라는 '이구백'이 등장하기도 했다. '청백전'이란 용어는 청년백수 전성시대의 의미다. 청년실업자가 이렇게 많아졌다는 의미다. 이러다가 31세가 되면 절망해 버린다는 '삼일절'이 등장했다. 31세가 되면 이제는 아르바이트도 하기 어려운 나이가 된다. 어쩔 수 없이 '캥거루족'이 되는 나이다. 취업난을 반영한 대학생들의 유행어도 많다. '낙바생'은 낙타가 바늘구멍을 통과하듯 취업하기 어려운 졸업예정자를 의미한다. '대5'는 대학 4학년이 되어도 취업이 안 되어 졸업을 하지 않고 1년을 대학에 남아 있는 경우를 말한다. 'NG(No Graduation)족'이라고도 한다. 한때 '장미족'이라는 말도 있었다. 학점도 좋고 어학점수도 좋지만 장기간 취업을 하지 못한 졸업생을 말한다. 취업에 필요한 조건은 장미꽃처럼 화려하지만 취업을 하지 못한 것이 장미가시 같다는 의미에서 붙여진 이름이다. 이중 일부는 취직을 하지 못한 콤플렉스 때문에 방에 틀어박혀 은둔하기도 한다. 각종 자격증과 취업공부를 하기 위해 휴일에도 놀지 못하는 '공휴족'도 늘어나고 있다. 방학 중 계절학기 수강으로 좋은 학점을 따기 위해 지방으로 내려가는 '학점 쇼핑족'도 적지 않다. 이들에게 방학은 쉬거나 노는 것과 거리가 먼 얘기이다. 함께 공부하고 정보를 공유하던 취업 스터디 모습도 변하고 있다. 요즘에는 '모욕 스터디'라는 것이 있다. 구직자의 순발력을 테스트하기 위해 모욕적일 정도의 구직자의 단점을 집요하게 꼬집어 내는 면접시험에 대비하기 위해서이다.

'KTX풀 족'이라는 신조어도 있다. 지방대학생들이 서울에 면접 보러 가기 위해 인터넷으로 알음알음으로 만나 KTX 단체할인도 받고 같이 올라오면서 면접정보도 교환하는 것을 말

한다. '취업기초 3종 세트'는 취업 때 학벌·학점·토익점수가 중요하다는 것을 의미한다. '열린 취업 5종'이라는 말도 있다. 이른바 인턴·아르바이트·공모전·봉사활동·자격증 등의 경험을 기업들이 신규직원 채용 시에 고려한다고 생각하기 때문이다. 그러나 이런 조건을 갖추더라도 취업은 쉽지 않다. 특히 자격증을 위한 자격증은 실제로 면접에 큰 도움이 되지 않는다. 그럼에도 여기에 매달리는 것은 그만큼 취업이 절박하기 때문이다.

급여도 좋고 직장도 안정된 공기업에 다니는 사람을 '신의 아들'이라고 한다. 이보다 더 좋다고 알려진 '국책은행은 신도 다니고 싶어 하는 직장'으로 격이 더 올라갔다. 여기에 더하여 "대학 행정직 교직원은 신이 감추어 놓은 직장"이라는 신문기사도 있다. "초봉은 대기업 수준이고 제시간에 퇴근하고 방학이면 단축 근무하면서 퇴직 후에는 사학연금을 받을 수 있다." 정년 보장에 더하여 대학원 진학 혜택이 주어지다 보니 괜찮은 직장에 다니는 사람들까지 응모하고 있다. 그래서 경쟁률이 200~300대 1이나 된다. 이런 현상을 반영하듯 '교직원 고시'란 말이 생겨났다. 급여도 좋고 안정된 직장을 찾는 것은 인지상정이다. 안정된 직장 선호는 IMF 경제위기 이후 일반적인 현상이다.

안정된 직장을 추구하는 학생들이 공무원 시험에 몰리면서 '공시촌', '공시족'이라는 말이 생겨난 지도 오래됐다. 경쟁률이 높다 보니 공무원 시험 합격도 쉽지 않다. 그러다가 나이도 들고 지치기도 해서 결과적으로 취업도 못 하고 시간만 보낸 꼴이 된다. 이렇듯 공무원 시험 준비에 지친 사람을 '공시페인'이라고 한다. 공무원 시험을 준비하다 사귀면 '공시커플'이 된다. 이 덕에 공무원 시험 학원이 많은 노량진은 한국의 3대 입시 클러스터의 하나로 등장했다. 고교 시절에는 대치동 입시학원가, 대학 시절에는 신림동 고시촌에서 노량진 공무원 학원가가 추가됐다. 이제는 십대도 장차 백수를 생각해야 한다는 '십장생'이 이미 우리 사회의 경구석 유행어가 되었다. 젊은이들 속의 이런 유행어가 취업난에서 나타난 오늘 우리 사회의 현실이다.

그러나 이런 현상이 꼭 부정적인 것만은 아니다. 모든 것이 그러하듯이 사회는 반작용이 나타나게 마련이다. 실제 긍정적인 면이 나타나고 있다. 직업관에 대한 변화이다. 학력중시 경향에서 적성과 직업중시 방향으로 바뀌고 있다. 대학을 나오고서도 자기 적성에 맞는 학과로 재편입하여 공부하는 사례도 적지 않다. 이런 변화는 어머니들에게까지 영향을 미치고 있다. 어릴 때부터 아이들의 적성을 파악하여 적성에 맞는 교육을 시키려는 움직임이 나타나고 있다. 그동안 움직이지 않을 것으로 생각되던 일류학교 중심의 사고가 바뀌고 있는 것이다. 아직 부분적인 현상이지만 아이들의 적성을 살려서 후에 취업을 제대로 할 수 있는 길잡이 역할을 하려는 경향이 나타나고 있다. 분명 변화의 조짐이 나타나고 있다.

청년실업의 증가와 젊은이들의 직업관

청년들의 일자리가 줄어든 가장 큰 요인은 경제성장률의 하락이다. 고도 성장기를 구가하던 한국경제가 IMF 경제위기를 겪고 나서는 하향 추세의 성장률을 보이더니 한동안은 세계 경제성장률에도 못 미치는 경제성장을 하고 있다. 1960년대 경제개발계획 이후 지속적으로 세계 경제성장률보다 훨씬 높은 성장을 하던 나라가 지난 10년간 이렇게 되어 버리니 고용사정이 나빠질 수밖에 없다. 설상가상으로 성장을 하더라도 고용이 늘어나지 않는 현상을 보이고 있다. 자동화·정보화의 영향 때문이다. 여기에 산업구조 변화도 한몫을 하고 있다. 나아가 기업들이 기업환경이 좋은 나라로 해외투자를 늘리고 있다.

이런 다양하고 복합적인 요인으로 경제성장에 부응하지 못하는 고용의 산업구조가 고착되는 현상을 보이고 있다. 여기에 세계화에 기인한 경쟁의 심화는 산업구조 고도화를 유발하고 이는 다시 기존 인력에 대한 조정을 계속 발생시키고 있다. 나아가 자동화 및 로봇활용이 늘어나면서 기존 인력은 물론 신규 수요인력까지 대체하고 있다. 노동시장의 신축성 결여도 노동이동을 어렵게 하고 있다. 노동시장의 경직성이 신규 인력에 대한 노동시상 진입을 막고 있는 것이다. 이러다 보니 노동인력의 선순환이 이루어지지 않고 있다. 이미 우리 사회에는 제조업 근로자 평균 연령이 40세로 조로 현상이 나타나고 있다. 10년 새 4.8세가 높아진 것이다.

신규인력보다 경력직을 선호하는 기업들의 고용행태 변화도 대졸 취업자에게는 일자리가 줄어든 요인이다. 신입직원을 뽑으면 곧바로 현장에 투입하여 일을 시키기 어렵기 때문에 기업은 그 직무에 필요한 교육·훈련을 별도로 시킬 수밖에 없다. 따라서 비용과 시간이 든다. 그러나 경력직을 뽑으면 곧바로 현업에서 일을 할 수 있다. 그러다 보니 기업은 교육·훈련비용도 줄이고 노동생산성도 높은 경력직을 선호하게 된다.

기업의 이런 고용행태 변화는 대학졸업생과 기업이 필요로 하는 수요인력과의 차이에서 나온다. 근로자들의 행태변화도 기업이 경력직을 선호하게 만든 중요한 동인으로 작용하고 있다. 보다 나은 대우나 일터를 쫓아 둥지를 옮겨 다니는 직장인들의 높은 이직률도 한몫 하고 있다. 종전에는 한 곳에 입사하면 그곳에서 퇴직할 때까지 근무하는 것이 미덕이라고 생각했지만 이제는 보다 나은 조건이 제시되면 항상 옮길 자세가 되어 있다. 평생직장에서 평생직업의 시대로 바뀌었기 때문이다. 평생직장이 없다 보니까 보다 좋은 회사로 이직하려는 경향이 강하다. 기업 입장에서는 퇴직자가 발생하면 그 자리에 맞는 경력자를 채용하게 된다. 결과적으로 이런 취업환경 변화가 젊은이들의 일자리 찾기를 더욱 어렵게 만들고 있다.

이런 상황이다 보니 젊은이들은 비정규직이라도 일자리가 있으면 기꺼이 나서고 있다. 제대로 된 일자리를 찾지 못한 인력들이 임시직이나 아르바이트에 나서고 있는 것이다. 이들은 시간과 조직으로부터 자유로움을 추구하기 위해서 하는 '프리터족(freeter)'* 아르바이트가 아니다. 경력을 쌓고 재미로 하는 아르바이트도 아니다. 용돈 정도 더 벌기 위해서 하는 아르바이트는 더욱 아니다. 취직도 안 되고 마냥 놀 수 없는 상황에서 어쩔 수 없이 직업으로 아르바이트를 하고 있는 것이다.

이러한 현상이다 보니 이제는 '알바'라는 말이 더 익숙한 시대가 되었다. 미취업 상태가 수개월 이상 계속되면서 '알바'로 취업을 대신한다. '알바'는 물건 찾아 주기, 은행업무 대신하기, 배달 등 단순한 심부름 대행에서부터 전문 직종, 도우미 역할까지 확대되고 있다. 경제발전 초창기, 일자리가 적었던 시

---

* 자유(free)와 아르바이트(arbeit)의 합성어.

절의 가정교사에서 출발한 아르바이트가 이렇게 다양하게 분화하고 있다. 그 과정에서 부작용도 만만치 않다. 그럼에도 불구하고 청년실업률이 낮아지지 않는 한 신종 '알바'는 더욱 늘어날 수밖에 없다.

실업의 문제는 젊은이들의 가치관 변화에도 원인이 있다. 오늘의 젊은이들은 경제적 풍요 속에서 성장한 사람들이다. 정치·사회적으로도 민주화와 함께 중산층이 형성된 사회에서 성장한 세대이다. 이들은 세계화와 디지털 사회로 대변되는 지식정보사회를 몸으로 체득하며 살아가고 있다. 이들은 영상적인 상상력이 높고 감성 소통이 기성세대와는 차원을 달리한다. 이런 시대적 변화에서 가치관 변화는 당연한 현상이다. 그러면서도 아쉬운 것은 생산에 대한 관심보다 소비에 대한 관심이 높다는 것이다. 이들은 자아실현에 대한 욕구가 높아 자기에 대한 투자성향도 높다. 따라서 재산이나 권리의식도 강하다. 부모와 가족에 대해 자기가 지켜야 할 의무는 약해지고 권리에는 강한 경향을 보이고 있다. 어떻게 보면 이기적이고 탈정치적인 개인주의가 요즘 젊은이들의 심층의식을 이루고 있지 않나 하는 생각이 든다. 사회의 변화발전 과정에서 자연스럽게 그렇게 된 것이다. 이들은 과정보다는 결과, 협동보다는 경쟁, 절제보다는 과시를 우선시하는 가치관을 자기도 모르게 갖게 된 것이다.

이들의 직업관도 이런 가치관에 영향을 받고 있다. 이것이 실업을 자초하는 원인의 하나로 작용하고 있다. 일은 편하고 적게 하면서 대우는 좋게 받으려고 한다. 이런 행태가 제조업보다는 서비스업을 선호하는 경향을 낳고 있다. 자기의 적성, 미래의 가치보다 현재 높은 임금을 주는 직장을 선호하고 있다. 어쩌면 당연한 현상이다. 높은 임금을 원하는 것은 인지상정이다. 그러나 이런 욕구는 현실을 제대로 알지 못한 데서 나온 것이기도 하다. 우리나라의 대표적 기업들의 임금수준을 일반기업의 임금수준으로 착각한 때문이다. 젊은이들의 이런 생각은 언론보도에 기인한 바 크다. 보도한 내용을 잘 살펴보면 그것은 일반적 평균임금이 아니라 대표적 기업들의 임금임을 알 수 있다. 그런데도 사람들은 그 정도를 일반적인 임금으로 생각하는 경향이 있다. 한 업종에 있어서도 그 업종의 대표적 기업과 그 밖의 기업 간 임금 격차가 큰데도 말이다.

실제 3,000만 원 이상의 연봉을 주는 직장은 우리나라 전체 기업 중 극소수이다. 이런 기업은 그만큼 경쟁이 심하다. 입사하기도 그만큼 어렵다. 기업은 적게 일하는 사람에게 높은 임금을 주지 않는다. 기업은 준만큼 일을 요구한다. 임금에 대한 착시 현상을 바로잡아야 직장을 잡을 수 있다.

지금 우리 사회는 실업률이 높다고 하지만 중소기업의 인력난은 지속되고 있다. 젊은이들이 제조업보다 서비스업을 선호하는 행태, 도전보다는 안전한 직장을 선호하면서 편안함을 추구하는 심리 때문이다. 이러다 보니 소위 급여도 괜찮고 안정성이 높은 공공부문에 사람들이 몰리고 있다. 공무원 시험을 비롯한 공공부문에 몇백 대 일의 경쟁률을 보이는 현상이 발생하고 있다. 미래를 조금만 내다보아도 공공부문이라고 해서 안정된 직장이라고 단언할 수 없는 상황인데도 여기에 인력이 몰리고 있다. 세계는 지금 작은 정부로 가고 있는데 우리만 언제까지 큰 정부로 갈 수 있겠는가? 정부도 이런 시대의 흐름에서 뒤처질 수 없다. 이런 상황인데도 젊은 인력들이 여기에 몰리는 것은 안타까운 일이다. 교사 선호 현상도 마찬가지이다. 인구 감소 현상은 기본적으로 학생 수의 감소로 이어지고 이는 결국 교사의 감소로 이어질 텐데 언제까지 이런 직업에 대한 선호도가 유지될 수 있을 것인지 헤아리기 어렵지 않다.

이제는 시야를 좀 더 멀리 보자. 세상에 변하지 않는 것은 하나도 없다. 좋은 직업도, 직장도 시대에 따라 변하게 마련이다. 평생직장에서 평생직업의 시대가 된 이유도 여기에 있다. 평생직업의 시대에서 중요한 것은 무엇인가? 남과 차별화된 자기만의 경쟁력을 가져야 한다는 것이다. 오늘날처럼 변화가 가파르고 불확실성이 높은 상황에서는 환경변화에 부응하면서 자기 나름의 경쟁력을 가질 수 있는 분야에 특화하여야 한다. 먼저 자기 재능을 파악해야 한다. 경쟁력은 자기 재능에 맞는 일을 할 때 나타난다. 그런데 자신의 내부에 남다른 능력이 있으면서도 이를 깨닫지 못하는 경우가 많다. 자기가 무슨 일을 하면서 재미있게 하고 나름대로 끝맺음을 잘했으면서도 그것을 자기 재능으로 생각하지 않는 경향이 있다. 바로 이런 것이 자기 재능이라는 것을 알아야 한다. 그렇지 않다면 재능을 파악한 뒤에 자기가 잘할 수 있는 일, 자기가 즐겁게 할 수 있는 일을 찾아야 한다. 그럴 때 남보다 차별화된 경력과 실력을 쌓을 수 있으며 그것이 경쟁력이다.

늘어나는 '캥거루족'

일을 하고 싶어도 일자리가 없어서 하루하루를 무료하게 지내는 젊은이들은 미래의 희망까지 잃어버리게 된다. 특별한 이유 없이 그냥 집에서 쉬는 사람이 매년 늘어나고 있다. 이들은 대부분 구직활동을 포기한 사람들로서 20대 청년들과 대학졸업 이상의 고학력자들이 많이 포함돼 있다.

이런 젊은이들은 혼자 있는 기간이 길어질수록 사람과 어울리기를 싫어한다. 실업 기간이 길어지면 낙천적인 외향적 성격의 소유자도 이렇게 된다. 이런 기간이 길어지면서 방콕생활로 접어들게 된다. 점점 더 홀로 있는 시간이 많아지고 그러면서 우울증에 빠지기도 한다. 그러다가 어느 사이 자기 비하를 하기 시작한다. "나는 가난하고 학벌도 그렇고 그러니 취직을 못 하는 것"이라고 자학을 한다. 이런 시간이 오래가다 보면 자기 홀로는 무엇 하나 하기 힘든 상황에까지 다다르게 된다. 이런 상황에서 기댈 수 있는 곳은 가정뿐이다. 사회가 어떻게 변한 다 해도 부모님에게는 여전히 내 아들·딸이기 때문이다.

청년실업률이 높아지면서 우리 사회에는 언제부터인가 '캥 거루족'이라는 말이 회자되고 있다. '캥거루'라는 동물을 빗댄 말이다. 캥거루의 가장 큰 특징은 아랫배 앞에 있는 육아낭이 다. 캥거루의 임신 기간은 30~40일이며, 태반이 없으므로 조 산을 한다. 출산 직후에 새끼는 앞발만을 이용해 육아낭 속으 로 기어 올라간 뒤 육아낭 속의 젖꼭지에 달라붙어서 자란다. 발육상태는 종류에 따라서 다르지만 6~12개월이면 독립한다. 우리 사회에서 '캥거루족'이란 태어나서도 일정 기간 어미의 육아낭에서 자라는 '캥거루'를 빗대어 학교를 졸업하고 나서도 경제적 자립 없이 부모 밑에서 생활하는 사람을 말한다.

'캥거루족'의 원래 의미는 취업을 할 수 있음에도 불구하고 적극적으로 일자리를 찾지 않고 부모에게 빌붙어 사는 철없는 젊은이들을 가리킨다. 그러나 우리나라의 젊은이들은 일을 하 고 싶어도 일자리를 잡지 못해 부득이 부모에게 얹혀사는 경우 이다. 물론 일할 기회가 있음에도 일하지 않고 부모에게 의존 하는 경우도 있을 것이다. 이런 현상은 비단 우리나라에 국한 된 것만이 아니다. 세계 어느 국가에나 있다. 우리만이 경제가 어려운 것이 아니다. 우리만이 청년실업률이 높은 것이 아니다. OECD국가만을 보아도 실업률이나 청년실업률 모두 우리보다 낮은 곳이 많지 않다. 그럼에도 우리나라에서 실업률을 강하게 느끼는 것은 나름의 이유가 있다. 일자리가 갑자기 줄어들었기 때문이다. IMF 구제금융을 받은 뒤로 계속해서 실업률이 개선되지 않고 있기 때문이다.

아무리 돈이 있어도 일보다 중요한 것이 어디 있는가? 일없이 돈만 가지고 살 수 있는가? 일주일 여행이라도 간다면 모르지만 오랜 시간 일하지 않고 논다는 것은 힘든 일이다. 이런 사람에게는 인생이 즐거울 수 없다. 문제는 노력을 해도 일자리는 잡히지 않고 그러다 보니 할 수 없이 그렇게 된 데 있다. 일자리를 구할 수 없어서 할 수 없이 부모 밑에서 얹혀사는 것이다. 학교 졸업 후 경제적으로 독립하지 못해 결혼도 미룬 채 부모 집에 얹혀사는 젊은이들의 부모에 대한 미안한 마음은 오죽하겠는가? 오늘날 젊은이들의 만혼 현상도 실업문제와 무관하지 않다. 저출산 현상도 여기에 기인한 바 적지 않을 것이다.

우리 사회의 '캥거루족' 현상은 자기 스스로 나태해서 생긴 것이 아니다. 일을 기피해서 생겨난 것은 더욱 아니다. 상황이 그렇게 만든 것이다. 이렇듯 '캥거루족'이 나타난 배경은 다양하다. 대중소기업 간 임금격차에서 나타난 현상도 무시할 수 없다. 학교를 졸업하면 누구나 다 '괜찮은 일자리'를 잡고자 한다. 괜찮은 일자리란 일반적으로 정규직, 대기업, 연봉이 근로자의 평균 이상인 것을 말한다. 실제 이런 '괜찮은 일자리'는 많지 않고 있어도 경쟁이 심하다. 괜찮은 일자리와 중소기업 간 임금격차가 연봉기준 1,000만 원 이상 되는 경우도 있다. 그러다 보니 청년 구직자들은 중소기업보다는 대기업이나 공기업에 가려고 한다. 연봉뿐만이 아니다. 근로조건이나 후생복지 차이도 크다. 이런 차이가 괜찮은 직장에 매달리게 한다. 졸업한 해에 입사하지 못하면 1~2년 더 공부해서 좋은 직장 들어가려다가 또 떨어지면 결국은 취업을 하지 못하게 되면서 나타난 현상이다. 이 무렵이면 연령도 취업 시기를 놓치게 되어 중소기업도 들어가기 어렵다. 중소기업의 입장에서도 이들이 언제든지 조건이 좋은 직장이 생기면 떠날 것이라는 생각 때문에 채용하기를 꺼린다. 나이가 적으면 아르바이트라도 할 텐데 그렇지도 못하다. 그러다 보니 본의 아니게 '캥거루족'이 되고 만다.

이런 상황에서는 가족의 사랑과 격려가 절대적이다. 어찌 좋은 직장만 일터인가? 그래도 찾아보면 자기가 일할 수 있는 곳이 있다. 중소기업은 아직 일손이 부족한 곳이 많다. 자기 눈을 낮추면 일자리는 찾을 수 있다. 부모님에게 또는 형제들에게 구한 조그만 자본으로 자영업을 시작해도 좋다. 젊은 시절의 실패는 실패라기보다 학습비용으로 생각하고 과감하게 도전해야 한다. 오히려 직장을 찾다가 포기한 뒤 새롭게 자기 사업을 시작하여 성공한 경우도 적지 않다. 중요한 것은 자기가 하고 싶은 일을 하는 것이다. 자기가 좋아하는 일을 하게 되면 일에 빠지게 된다. 일에 빠져서 열심히 하다 보면 어느새 그 분야 전문가가 되고 정상에도 오르게 된다.

성공한 사람들 중 젊은 시절에 아픔을 경험하지 않은 사람이 과연 얼마나 되겠는가? 젊은 시절의 고통은 미래의 성공을 위한 디딤돌이 될 수 있다. 보다 성숙을 위한 진통이다. 이런 생각을 가진다면 젊은 시절의 고통은 돈으로 환산할 수 없는 가치를 지니고 있다. 남들이 지금 '캥거루족'이라고 부른다고 하더라도 여기에 개의치 말고 오히려 자기를 자극하는 채찍으로 삼아 용기를 갖고 노력하면 성과는 예상보다 훨씬 빨리 다가올 수 있다. 희망은 멀리 있는 것이 아니라 항상 자기 가까이 있다. 그런데 대부분 사람들은 자기 곁에 있는 것을 모를 뿐이다. 가까이 다가갔을 때 지쳐서 포기한다. 좌절의 순간을 딛고 일어서서 희망을 만들면 그 희망은 빨리 실현될 수 있다. 어려울수록 희망을 가질 때 기회도 그만큼 빨리 온다는 것을 잊지 말자.

청년실업에 가려진 대학생활

　청년실업의 증가 현상은 대학생활에도 영향을 미치고 있다. 졸업을 앞둔 선배들이 취업 때문에 발버둥을 치는 모습을 보면서 그것이 남이 아닌 자기 일처럼 느껴진다. 고등학교 내내 대학입시 때문에 기도 펴지 못하고 공부만 하다가 대학에 들어왔지만 막상 대학에 들어와서 보니 선배들의 취업준비가 대학입시 못지않은 모습에 기가 찬다. 그리던 대학생활의 낭만을 펼치기도 전에 현실과 부딪치고 만다. 어느 새 우리의 대학문화가 이렇게 바뀌어 버렸다. 그래도 대학은 젊음의 활력과 낭만이 넘치는 곳이다. 자기가 하기에 따라서 대학생활을 알차게 보낼 수 있다. 신입생시절부터 계획을 짜서 시간 관리를 하면 그래도 멋진 대학생활을 할 수 있다. 그러나 이런 대학생활도 자기가 꿈꾸던 대학의 낭만은 고작 1년 정도이다. 길게 보아야 2학년까지이다. 저학년 시기에도 졸업 시 취업에 대비해서 좋은 성적을 받아야 한다는 강박증이 나타난다. 중간고사나 학기말 시험성적에 노심초사하는 행태를 보면 이들이 취업을 얼마나 예민하게 생각하고 있는지를 알 수 있다. 이들에게 보이는 현실은 대학생활의 낭만이 아니고 경쟁뿐이다. 이러다 보니 젊음의 낭만을 구가하고 청춘을 얘기하는 대학생활은 순간이고 저학년 시절부터 취업을 위한 스펙 쌓기에 열중이다.

일자리도 많지 않은데 그나마 괜찮은 직장에는 취업경쟁이 치열하다 보니 도움이 될까 봐 자격증 따기에 몰두하고 있다. 취업 스펙을 쌓기 위해 대학을 5년 다닌다고 해서 '대오족(大五族)'이라는 말이 나오고 토익 공부 때문에 '토페인'이라는 말이 생겼을 정도이다. 이렇게 시간을 들여 딴 자격증이 크게 도움이 되지 못하는 줄 알면서도 그래도 도움이 될까 봐 책상 속의 자격증 따는 데 시간을 보내고 있다.

이러한 상황에서 대학생활을 하다 보니 친구들과 어울릴 시간도 많지 않고 우정다운 우정도 생기기 어렵다. 대학 4년 동안 사귄 친구라고 해 봐야 신입생 오리엔테이션 때 옆자리에 앉았던 친구와 졸업할 때까지 어울리는 경우가 많다. 그렇지 않으면 동아리에 가입하여 활동하면서 만난 친구나 선배들이다. 요즘 대학생들이 친구가 많지 않은 것은 정보화 사회 등 여러 요인이 복합적으로 나타난 것이지만 학생 수의 증가도 주요 요인인 것 같다. 우리가 대학 다닐 때는 학생 수도 적었지만 학과별 모집이라 입학한 사람들이 졸업할 때까지 같이 배우고 공부했기 때문에 자연히 친구가 될 수밖에 없는 상황이었다.

그런데 요즘 학생들은 우선 학부제라든가 계열별 모집으로 학생 수가 많아 누가 누구인지조차 파악하기 힘든 상황이다. 2학년이 되고 나서 전공이 정해지지만 학생 수는 여전히 많다. 여기에 복수전공제와 부전공제로 같은 과목을 듣는 학생 수가 늘어난다. 나아가 어느 과가 취직이 잘된다면 쏠림 현상이 강하다. 이러한 상황이다 보니 대학에 갓 들어와서 낯선 상황에서 처음 만난 사람이 졸업할 때까지 친구가 되는 것이다. 자기와 어울리는 학생을 제외하면 자기 과 학생인지조차 모르는 경우도 적지 않다. 이런 상황에서 선후배 관계도 자연히 박약해질 수밖에 없다. 선배들이라고 해 봐야 취업난 때문에 후배들을 돌봐 주거나 어울릴 시간도 없다.

수강과목도 취직시험에 유리한 과목을 선택한다. 대학교육이 인격함양과 전문지식을 쌓는 곳이라기보다는 취직대비 수강을 하는 경향이 강하다. 이러다 보니 전공이라는 것이 우습게 되어 버렸다. 자기 전공과 무관한 곳에 취업하는 비율이 높아지고 있다. 자기가 하고 싶은 공부를 할 수 없게 되어 버렸다. 대학생활이라는 것이 자기가 하고 싶은 공부를 위해 스터디 그룹을 만들어 공부도 하고 토론도 하면서 지식을 쌓고 교류도 넓히는 곳인데 이런 것이 점점 더 어려워지고 있다.

오늘의 대학생활은 젊은이의 특권인 도전정신을 높이는 것이 아니라 오히려 잃어버리게 하고 있다. 젊음의 소중한 시기를 자기 성취와 도전에 할애하지 못하고 취업을 위해 대학에 들어온 느낌이다. 공부는 열심히 하지만 자기가 하고 싶은 공부를 하는 것이 아니라 취직과 연관된 공부를 하는 것이다. 대학을 졸업하고도 취업을 못 한 사람들은 취업이 잘된다는 전문대학과정에 편입하거나 재진학하는 경향도 있다.

재학 중에 취업하기 위하여 어학연수와 휴학이 늘어나고 있다. 취업지연으로 대학원에 진학하는 경우도 적지 않다. 대학원이 학문을 연구하기 위하여 가는 곳이지만 이렇게 취업 지연에 따른 현실 도피형으로 이용되고 있다. 이러다 보니 취업 기간이 길어지고 있다. 실제 취업 탐색 기간이 12개월 정도 걸린다고 한다. 1년 정도 걸려서 취직을 한다는 것이다. 그나마 취직을 하면 다행이지만 그렇지 못한 경우도 많다.

우리나라 대학은 1970년 이래 꾸준히 늘어났다. 전문대학은 1990년 117개에서 2008년에 147개로 4년제 대학은 147개에서 197개로 늘어났다. 현재 우리나라 대학 수는 344개(2008년 기준)이다. 그나마 2005년도 대학 통폐합의 영향으로 국내 고등교육기관 수가 처음으로 줄어든 것이라고 한다. 그럼에도 불구하고 아직도 전국의 지방자치단체 수보다 대학이 더 많다.

광역자치단체 16개와 시군구의 자치단체 수 258개를 합친 274개보다 대학수가 훨씬 많다. 이에 따라 대학진학률도 '80년 27.2%에서 '08년에는 83.8%로 높아졌다. 우리나라는 지금 고등교육의 인플레 현상을 겪고 있다. 학력 과잉현상이 나타나고 있다. 학력의 과잉현상은 졸업생들의 취업 눈높이를 높였다. 대졸자들이 괜찮은 일자리를 찾으면서 중소기업에는 눈을 돌리지 않고 있다. 학력 인플레가 중소기업의 구인난을 가중시키는 요인으로 작용하고 있다.

학력 인플레 현상은 고졸 취업난을 심화시키는 요인으로 작용하고 있다. 대졸 취업난이 심해지자 하향 취업으로 이어졌기 때문이다. 과거에는 고졸 근로자들이 하던 일을 요즘에는 대졸 근로자들이 점점 많이 해 나가고 있는 추세이다. 그러나 이런 하향취업 추세에도 불구하고 중소제조업에는 눈길을 돌리지 않고 있다. 이 같은 부작용은 결과적으로 산업 현장의 생산직 인력난을 지속시키는 요인으로 작용하고 있다. 이제 우리나라도 학력 위주의 사회에서 학력과 기술을 동등하게 여기는 사회로 나가야 한다. 전문계고를 나와도 성공하는 최고경영자(CEO)가 되는 사회가 되어야 한다. 고등학교를 졸업하고 좋은 기술을 가지고 있으면 인정받는 사회가 되어야 산업현장의 인력난도 해소하고 산업현장의 기술 발전도 기대할 수 있다.

대학은 대학다워야 한다. 인격함양과 전문인력을 양성하는 교육기관이 되어야 한다. 젊은이들에게 도전정신을 일깨우고

그것을 펼치도록 해 주어야 한다. 이렇게 되려면 우선 경제상
황이 좋아져야 한다. 인기 있는 학과에 가지 않더라도 취직을
할 수 있는 상황이 되어야 한다. 이럴 때 젊은이들도 낭만을
즐기고 미래 자기 인생을 설계하는 대학생활을 할 수 있을 것
이다.

청년실업 그 원인은 무엇인가?

청년실업의 문제는 우리만의 독특한 문제가 아니다. 그런데 우리가 이토록 청년실업 문제로 고민을 하고 있는 이유는 무엇인가? 정말 일자리가 없어서인가? 일자리가 있는데도 수급의 미스매치로 발생하는 것인가? 아니면 일자리보다 기대가 높은 젊은이들의 일자리 탐색 때문인가? 그것도 아니면 정말 일자리가 없는 것인가? 청년실업의 문제는 열거한 모든 문제를 안고 있다.

통계를 보면 우리나라는 15~29세 사이의 경제활동참가율이 44.4%(2010년 2월)로서 OECD국가의 절반 수준 정도이다. 실업률은 10% 수준으로 전체실업률(4.9%)보다 2배 정도 높다. 그러나 OECD 국가의 평균인 12.4%보다는 낮다. 청년층 취업자와 고용률은 2004년 이후 지속적으로 감소하고 있다. 2009년 말 현재 고용률 40.5%는 외환위기 당시의 고용률과 같은 수준이다. 이 현상은 2009년 금융위기 여파의 결과이다. 여기에서 문제 되는 것은 경제활동참가율이다. 경제활동참가율의 감소세는 취업준비생 등 비경제활동인구의 증가가 주요한 원인이 되며, 이는 통계지표상 실업률보다 체감실업률을 높이는 원인이 되고 있다.

청년실업률이 높은 이유는 다양하고 복잡하다. 수요 측면으로는 경제성장률의 저조, 산업구조 고도화 등에 따른 고용흡수력 감소 등을 들 수 있다. 공급 측면으로는 대학생 수의 지속적인 증가이다. 특히 직업교육 중심의 전문대보다 4년제 대학의 진학률이 빠른 속도로 진행됐다. 이 같은 현상은 저출산의 영향으로 학령 아동의 감소와는 전혀 다른 경로를 보이고 있다.

4년제 대학의 선호 현상은 전문대학의 구조를 변화시키고 있다. 본래 전문대학은 전문기술인을 양성한다는 목적에서 설립되었다. 그러나 1998년 전문대학의 교육목적이 '중견기술인 양성'에서 '전문직업인 양성'으로 그 목적이 바뀌면서 교육기간도 학과에 따라 2년, 또는 3년으로 자율적으로 결정할 수 있도록 시행규정이 완화되었다. 2007년도에는 학사학위 수여가 가능하게 되었고 2009년에는 학장의 호칭이 총장으로 바뀌었다. 전문대학은 오히려 차별화의 이점을 강화하는 노력을 했어야 했는데 그러하지 못했다. 학력 선호 현상 때문에 4년제 대학과 경쟁하다 보니 학생모집에서부터 애로를 겪고 있다.

한편 청년들의 구직행태도 청년실업률을 높이는 원인이 되고 있다. 여전히 '괜찮은 일자리', '좋은 일자리'만 찾기 때문이다. 통계청 조사에 의하면 300인 이상 사업체는 전체 사업체 중에서 0.2%이고 여기에서 일하는 근로자는 전체 근로자의 13.3%에 불과하다. 이런 상황에서 고학력 청년층이 찾고자 하는 일자리는 적을 수밖에 없다.

'괜찮은 일자리'는 적고 취업할 곳은 많지 않은 상황이라면 중소기업으로 인력이동이 일어나야 하는데 현실은 그렇지 않다. 일자리에 대한 갈증은 있지만 괜찮은 일자리에만 관심이 있다 보니 중소기업은 여전히 인력난에 허덕이고 있다. 5인 이상 300인 미만 사업체 부족 인원은 21만 명에 이르고 있다(노동부. 사업체고용동향특별조사. 2009년 10월). 청년실업과 중소기업의 인력난이 제대로 연결되지 못하고 있기 때문이다.

고용정보 및 교육훈련 등 인프라 측면도 청년실업의 한 원인으로 작용하고 있다. 실업계 고등학교나 전문대학에서 학생들에 대한 직업교육과 경력관리가 제대로 이루어지지 못하고 있다. 이러다 보니 실업계 고교나 전문대학은 전문기술인의 양성이라는 교육목표를 제대로 살리지 못하고 있다. 물론 전문직업인으로서의 경쟁력 있는 인력 양성에도 힘겨워하고 있다. 학생들의 소질에 따라 전공을 선택할 수 있는 기회를 넓혀 주고 전문기술인으로서의 경력개발을 지속시켰다면 요즘처럼 취업 난이 심한 상황에서도 유리한 위치를 점할 수 있었을 것이다. 그러나 진학중심 또는 4년제 대학과의 경쟁이 전문대학 고유의 경쟁력을 살리지 못하고 오히려 경쟁력의 약화를 자초하는 우를 범하게 되었다.

학생들의 경력관리가 제대로 안 되기는 일반대학도 마찬가지이다. 특히 세계화와 정보화가 본격화되면서 저고용률 성장이 일반화되면서 대학교육에 대한 수요도 변하고 있다. 대학은 전공영역을 심화시키는 자기개발의 과정이 아니라 취업을 위한 곳으로 바뀌었다. 이런 현상은 전공 선택이 자기 적성이나 소질을 무시하고 수능점수에 따라 진학 위주로 결정된 탓도 있다. 따라서 적성과 소질에 따른 경력관리에 소홀했던 것이 이런 결과를 초래한 한 원인이었고 그 결과가 이 같은 대학의 자화상을 만들어 낸 것이다. 대학도 환경변화에 적극 대응해야 한다. 학문도 중요하고 그 기능도 강화해야 하지만 학생들의 진로탐색에도 보다 적극적으로 대처해야 한다.

이렇듯 청년실업은 청년층이 원하는 괜찮은 일자리 감소, 대졸자 공급 증가 등 구조적 요인과 함께 청년층의 직업관에 기인하기 때문에 쉽게 해결 방안을 찾을 수 없다. 이런 상황에서 공공·민간 직업안정기관과 학교의 직업진로지도 및 취업지원 역할도 제대로 작동하지 못하고 있다. 이런 복합적 요인으로 발생하고 있는 청년실업의 문제는 한두 개의 대안으로 풀릴 수 없다. 종합적으로 접근해야 한다. 정책적 접근, 경기변화와 기업들의 채용방식, 구인자의 의식구조 등 여러 가지가 맞물려 있기 때문이다. 여러 문제 중에서 우선되어야 할 것은 의식구조의 개선이다. 일자리는 대우나 근로조건도 중요하지만 이보다 더욱 중요한 것은 일하는 즐거움이다. 일자리에 대한 관점을 어디에 둘 것이냐에 따라서 실업도 극복할 수 있다. 지금 우리 사회는 일자리가 없어서가 아니라 일자리 눈높이의 차이에서 기인한 바 크다. 이 차이를 줄이는 노력부터 해 나가야 한다.

학교의 취약한 취업지도

청년실업이 해소되지 못한 이유 중의 하나는 대학과 기업 간 인력의 원활한 이동이 되지 못한 데 기인한 면도 크다. 대학과 기업은 인력 수급의 측면에서 상호 공동체다. 대학이 인력을 양성하면 기업은 인력을 활용하는 곳이다. 그런데 이 공동체가 엇박자를 보이고 있다. 대학에서 내보내는 한 해의 졸업생은 많은데 이를 쓰는 기업의 인력수요는 줄고 있다. 그 차이가 청년실업으로 나타나고 있다.

기업은 대학 졸업생을 잘 교육받고 훈련된 인재로 생각하기보다 예비 인재를 배출하는 정도로 생각하고 있다. 결과적으로 대학에서 배운 것이 기업에 들어가면 큰 도움이 되지 못하고 다시 그 기업이 요구하는 인재가 되기 위한 교육을 받아야 한다. 그러다 보니 기업은 대학에서 갓 졸업한 인력보다는 경력직을 선호하게 되고 이것은 다시 청년실업률을 높이는 요인이 되고 있다.

청년실업률이 높아지고 취업난이 오래 지속되다 보니 대학의 자세도 바뀌고 있다. 이런 사회변화에 따라 대학도 인격 함양교육뿐만 아니라 사회수요에 부응한 인재를 길러내는 데 관심을 표명하기 시작했다. 학생들의 학교에 대한 요구도 높아져서 사회에서 요구하는 학문을 배우기를 희망한다. 그럼에도 아직 기업이 필요로 하는 전문인력은 제대로 공급되지 못하고 있다. 그 이유는 빠른 경제사회환경변화에 따라오기 힘든 학교의 구조적 측면도 있지만 아직도 학교가 기업이 필요로 하는 인력 양성에 적극적일 수 없는 현실적인 면도 간과할 수 없다. 학과별·전공별 조정에 따른 교수와 학생의 반발 등 다양한 요인이 복합되어 있다.

취업이 힘들다 보니 학생들은 취업이 잘되는 과를 선호한다. 고학년이 되면 아예 학교 공부와 취업 공부를 따로 한다. 졸업학점을 따는 것은 당연히 학교에서 하지만 영어 등 외국어와 자격증과 관련된 취업준비 교육은 학원에서 한다. 대학 입시가 우리나라 사교육비의 증가 원인이었는데 대학에 들어오고 나서도 취직을 위해 학원에 다니고 있는 실정이다. 이것이 현실이다. 이런 현실을 반영하여 최근에는 학과 선택에 있어서 변화의 조짐이 보이고 있다. 이공계에 대한 관심이 높아지고 있다. 이공계 졸업생들의 취업이 꾸준히 증가한다면 이공계 진학률이 높아질 가능성이 있다. 이런 상황을 학교와 정부 그리고 사회가 어떻게 대처하느냐에 따라서 이공계 기피풍조는 해결될 수 있다.

대학에서 교육을 받고 나서도 취업이 어렵다 보니 대학 스스로 학생들의 취업지도에 적극 나서지 않을 수 없게 되었다. 취업지원을 담당하는 기구를 설치하고 상담직원을 배치하고 기업과 연계하여 취업 설명회도 개최하고 있다. 취업정보를 데이터베이스(DB)화하여 관리하면서 학생들의 취업에 도움을 주고 있다. 그러나 실효성은 높지 않다. 학생의 전공과 적성을 고려하여 취업 가능한 곳을 연계시켜 주지 못하기 때문이다. 이러다 보니 학생들은 취업에 대한 걱정은 많이 하지만 준비를 어떻게 해 나가야 할지를 모르는 경우가 많다.

학교의 취업지도가 어느 수준인가를 파악하려면 실제 신입직원을 채용해 보면 알 수 있다. '자기소개서' 작성에서도 자기의 장점과 특징을 기술하지 못하고 천편일률적인 글이 많다. 이렇듯 응모자들이 대부분 유사한 방법으로 자기소개서를 작성하고 있다. 인터넷에 들어가 양식을 찾아서 하다 보니 이런 현상이 나타나지 않았는가 생각된다. 심지어는 응모하는 회사에 대한 조사·연구도 하지 않은 상태에서 자기주장만 쓰는 경우도 있다. 이런 것은 학교에서 조금만 관심을 가지고 지도하면 해결될 수 있는 것이다.

이제부터라도 대학은 학교에서 노동시장으로의 인력이동이

원활하게 될 수 있도록 보다 적극적인 노력을 해야 한다. 1학년 때부터 미래의 직업과 자기의 적성과 관련하여 스스로 목표와 실행계획을 세우고 대학 4년 동안 추구하도록 한다. 목표가 있으면 그 분야에 관심을 갖게 되고 열심히 공부하게 된다. 하다 보면 자기 스스로 세운 목표나 계획이라고 하더라도 자기 적성이나 시대적 상황에 맞지 않으면 바꿀 수 있다. 그것도 자기의 필요에 의해서 바꾸는 것이라면 그 자체가 미래에 대한 준비이고 실제 사회에 나와서 겪을 시행착오를 사전에 방지하는 효과를 갖는다. 취업시장이 아무리 어렵다고 하더라도 자기 스스로 계획하고 4년간 공부하며 대비한 사람하고 계획 없이 취업 준비하는 사람은 분명 차별화가 나타난다. 대학 1학년부터 인생의 목표를 세우고 거기에 맞게 준비하는 젊은이들이 되면 그의 인생은 남보다 분명 가치 있는 삶을 살아갈 수 있다.

　정부의 정책도 중요하다. 교육정책과 인력정책의 연계성을 강화하여 대학의 노력을 뒷받침해야 한다. 우선 대학은 전공과목을 사회의 수요에 접근시켜야 한다. 그렇다고 학문발전을 등한히 하라는 것은 아니다. 그것은 그것대로 하면서도 사회에서 요구하는 것에 비중을 높여 줄 수 있을 것이다. 학과에 따라서는 기업이 요구하는 맞춤형 교육도 적극 검토해야 한다. 실제 서울의 어느 대학의 '산업디자인' 학과는 외국의 다국적 기업들이 그 학교 졸업생을 우선 채용하고 싶어 한다. 지방의 어느 전문대학의 '정보통신기술'학과 학생은 졸업과 동시에 일본기업에 취업하고 있다. 그것은 기업이 요구하는 인력을 학교에서 사전에 파악하고 교육시키기 때문이다. 이런 맞춤형 교육은 가능한 전공학과가 있고 그렇지 못한 과도 있다. 현실적인 면에서 보면 대부분 이런 맞춤형 교육을 할 수 없는 과가 많을 것이다. 그러나 노력을 하면 전공과목 등 교과과정의 유연화를 통한 교육의 내실화는 가능하다. 학생들의 취업을 촉진하는 방향에서 학습 방법의 개선은 이루어 나갈 수 있다.

차제에 외국어 교육도 강화해야 한다. 글로벌화된 세계에서 외국어는 젊은이들이 취업뿐만 아니라 세계인으로서 살아가기 위한 필요한 도구이다. 청년인력의 해외 진출이 활성화되면 청년일자리 부족 문제 해소에 기여할 수 있다. 몇 년 전 미국이 간호사 인력을 한국에 요청했을 때도 영어 잘하는 간호사는 부족했기 때문에 기회를 살리지 못했다. 학문을 위해서도 외국어는 필요하다. 외국어를 배우기 위하여 대학생이 되고 나서도 학원에 가거나 외국에 어학연수를 가는 것은 다시 한 번 생각해 볼 문제이다. 학교에서 외국어 공부 기회를 넓혀 주어야 한다. 이런 노력은 학생들의 취업에도 도움이 될 뿐만 아니라 학문발전에도 기여할 것이다.

대학과 기업은 사회를 함께 이끌어 가는 협력과 상생의 주체이다. 각자의 영역에서 자기 본분을 다하면 학교에서 직장으로의 원활한 인력이동도 기대할 수 있을 것이다.

젊은 날의 초상

누구나 인생에서 자기의 젊은 날은 있다. 가난하게 산 사람
도 행복하게 산 사람도 지나고 나면 추억이 된다. 어느 누구나
젊은 날은 소중한 시간이었으며 그 시절을 그리워한다. 그래서
청춘은 아름다운 것이다. 그러나 이 소중한 시간을 젊은 시절
에는 알지 못한다. 지나고 나서야 그것을 안다. 젊은 시절에는
미래에 대한 꿈과 희망이 솟구치지만 반면 고민과 갈등도 끊이
지 않는다. 그만큼 남은 인생여정에서 해야 할 일이 많기 때문
이다. 할 일은 많은데 진로가 정해지지 않았을 경우 시간이 가
면서 고민은 깊어질 수밖에 없다. 그들은 이런 고민 속에서 성
숙해 간다.

취업문은 예나 지금이나 넓지 않았다. 60년대는 말할 것도 없고 70년대에도 그러했다. 그 당시에는 경제규모가 크지 않았기 때문에 일자리도 많지 않았다. 70년대 후반부터 일자리가 많아지기 시작했다. 경제가 고도성장기간이었기 때문에 졸업하는 해에 취업을 못 하더라도 2~3년이 지나면 어디에서든 일자리를 찾아서 직장에 다녔다. 직장을 잡지 못한 사람도 자기 사업을 시작해서 성공한 경우도 있다. 물론 그 시대에도 취업도 못 하고 자영업도 히지 않은 사람도 있다. 그러나 이런 사람들도 무엇인가는 하여야 먹고살 수 있기 때문에 몇 년 안 가면 나름대로 모두 자기 일을 갖게 된다. 마땅한 직장이 없는 경우에는 작심하고 고향에 내려가 다른 일을 하거나 차별화된 농사를 지어 성공한 경우도 있다. 오늘날처럼 취업 때문에 한 학기 휴학하거나 어학연수를 가거나 대학원에 진학하는 경우는 거의 없었다. 이렇게 보면 경제가 고도로 성장하던 단계에 살았던 사람들의 시대가 오늘날 젊은이들보다 낫지 않았나 생각된다.

세상만사는 모두 변하게 마련이다. 한국경제발전의 초창기에는 직장은 많지 않았지만 그런 상황에서도 좋은 직장은 있었다. 그 시대에도 좋은 직장에 들어가기는 어려웠다. 경쟁률도 높았다. 그렇게 선망하던 좋은 직장도 세월이 지나고 경제가 발전하면서 바뀌었다. 이런 현상을 보면 한 시대에 좋은 직장이라고 해서 그 직장이 다른 시대까지 좋은 직장이 되는 것은 아니다. 오히려 좋은 기업이 후발기업에 뒤처지기도 한다. 1960년대에서 1970년대 전반까지는 국책은행이 좋았다. 공무원도 좋았다. 국책은행과 공무원은 오늘날에도 인기 직장이지만 그래도 그때보다는 덜하다. 고시는 오늘날처럼 많은 인원을 뽑지 않았기 때문에 경쟁률이 높았다. 오늘날 소위 일류 기업들도 그 당시에는 별 이름 없는 기업들이 많았다. 경제성장 과정에서 생긴 기업들도 많았다. 시대가 변하면서 일류 직장도 변했다. 급여도 근로조건도 떨어졌던 기업들이 일류 직장이 되었다. 오늘날의 일류 직장은 그 시대 진취적인 기업들이었다. 기업가 정신을 발휘해서 오늘의 성과를 이룬 기업들이 많다.

우리의 경험을 보더라도 젊은이들이 직장을 선택할 때 현재의 일류 직장만 찾을 필요가 없다. 오늘의 일류 직장이 10년 후에도 일류 직장으로 남아 있다는 보장이 없기 때문이다. 오늘날 변화의 속도는 70년대나 80년대와는 비교할 수 없다. 그만큼 빠르고 미래를 예측하기 힘들다. 세계가 이미 글로벌화되었고 경쟁 또한 이전과는 비교가 되지 않을 정도로 격심하다. 그래서 모든 것이 불확실하다. 이런 상황에서 오늘의 일류 직장이 내일의 일류 직장으로 남아 있으리라는 보장이 없다.

불확실한 상황일수록 안정적인 직장을 찾게 된다. 그러나 어느 직장도 안정적인 직장은 없다. 공기업이라고 해서 미래까지 안정적이고 대우가 좋으리라는 보장이 없다. 변화에 뒤떨어지지 않고 오히려 변화를 선도하고 이끌어 가는 기업만이 일류 직장으로 남아 있을 것이다. 이제 젊은이들은 미래를 보고 직장을 선택하는 혜안이 필요하다. 급여수준이 시원찮은 중소기업이라고 하더라도 이 회사가 생산하는 제품이 미래 지향적이라면 이 회사는 발전할 수 있다.

60년대에서 80년대까지의 대학은 제대로 공부를 가르칠 수 있는 상황이 아니었다. 학기 중에도 휴교를 하거나 쉬는 경우가 많았다. 정치적으로 격동기였고 사회가 안정적이지 못했기 때문이다. 그런 상황에서도 자기 직분에 충실한 사람이 많았다. 이런 사람이 인생여정에서 보면 그래도 후회 없는 삶을 사는 것 같다. 상황이 어떠하더라도 공부하려는 사람은 공부를 한다. 오히려 공부하기 어려운 상황에서 더욱 열심히 공부하지 않았나 하는 생각도 든다. 그것이 자기가 할 수 있는 최선의 길이라고 생각해서 그런 것 같다. 밤늦게 학교 도서실에서 나오면서 느끼는 만족감은 그런 공부를 해 본 사람만이 알 수 있다. 비록 내일의 희망이 보이지 않더라도 공부하고 내려오는 그 순간만큼은 행복했던 것이다.

60년대 70년대의 대학 시절은 지금처럼 아르바이트가 다양하지 못했다. 산업구조가 고도화되지 못하고 국민소득도 높지 않았기 때문이다. 그럼에도 불구하고 시골에서 올라온 사람이나 가난한 사람들은 아르바이트를 하면서 공부를 해야 했다. 그 시대 아르바이트란 가정교사나 막노동이 전부였다. 아르바이트 자리가 많지 않기 때문에 야간 대학에 다니면서 주간에 직장을 다니는 사람도 적지 않았다. 배움에 대한 열정은 오히려 이런 사람들이 더 컸다. 지나서 보면 이런 사람들이 열심히 공부하고 노력하여 그 당시 소위 좋은 직장도 들어가고 고위직에 오른 사람도 적지 않다.

사람은 어느 상황에 처해 있든지 자기 할 나름이다. 학창 시절 아무리 좋은 조건에 있다고 하더라도 자기 노력이 따르지 않으면 실패하는 경우도 적지 않다. 반대로 아무리 주어진 상황이 어렵고 힘들다고 하더라도 오히려 이것이 자극이 되어 미래에 훌륭한 인재가 된 경우도 적지 않다. 젊은 시절 아무리 잘살고 행복하다 한들 나이가 들어 삶이 고달프고 여의치 못하다면 그 사람은 성공한 삶을 살았다고 할 수 없다. 젊은 시절 눈물겨운 고생을 하면서 이를 극복하고 나이가 들어 행복한 생활을 할 수 있다면 이 사람이 진정으로 행복한 삶을 산 사람이라고 생각된다. 젊은 시절의 소박한 꿈을 이루어 살아왔고 나이가 들어 그렇게 후회할 일이 없었다면 바로 이런 삶이 행복한 삶이라고 할 수 있을 것이다.

따라서 젊은이들도 지나치게 현실적으로 좋은 일자리만 찾거나 출세를 위해 기회주의자가 되려 하지 말고 자기 나름대로 인생설계를 짜고 그것을 위해 꾸준히 노력하는 그런 삶을 살아가는 노력이 요구된다. 그러면 인생의 후반에 행복한 삶을 맞이하게 될 것이다.

인생은 경제가 아니다

　우리들에게 "당신은 왜 사느냐?"고 물으면 어떻게 답하여야
할지 망설여진다. 어떤 대답을 해도 올바른 것 같지 않다. 우리
가 살아가려면 매일 자고, 입고, 먹어야 한다. 이런 일들은 매
일 반복되는 것으로 목적이 될 수 없다. 목적은 미래를 두고
기약하는 것이다. 그리고 비교적 추상적이다. 행복하기 위하여,
또는 건강하게 잘살기 위하여 등등이다. 그런데 거기에 반드시
따라오는 것이 있다. 경제적인 것이다. 경제란 우리가 살아가
는 데 필요한 재화를 획득 · 이용하는 활동을 말한다. 우리가
매일 반복하며 살아가는 일도 따지고 보면 경제활동의 일환이
다. 일자리를 찾는 것도 일을 하는 것도 우리가 바람직한 경제
생활을 하기 위해서다.

"사람은 빵만으로 살 수 없다."고 한다. 여기서 빵이라는 것은 먹고사는 것을 말한다. 돈이 있어도 배가 불러도 거기에 만족해서 살 수 없다는 것을 의미한다. 사람은 물질만으로 살아갈 수 없다. 사람이 살아가는 과정에서 경제적 재화 못지않게 중요한 것들이 많다. 사람은 생각하는 동물이다. 이것은 정신적인 삶이 그만큼 중요하다는 것을 의미한다. 이렇듯 사람들이 살아가는 방식은 다양하다. 사람들은 가난해도 행복한 사람이 있고 부자여도 불행한 사람이 있다. 그것은 그만큼 정신적 영역이 넓다는 것을 의미한다. 이것은 마음가짐에 따라서 삶의 태도가 달라진다는 것을 의미하기도 한다.

그런데 요즘에는 경제적으로 여유 있는 생활을 삶의 전부인 것처럼 생각하는 경향이 있다. 너도나도 돈 벌기 위해서 안달이다. 돈 버는 것이 삶의 목적이 되어 버린 것 같다. 행복도 돈으로 살 수 있다고 믿는 것 같다. 모든 것을 돈으로 할 수 있다는 생각을 갖고 있는 것 같다. 돈 지상주의다. 그러나 실제 그러한가? 아니다. 돈은 행복과 비례하지 않는다. 돈이 있는 사람도 불행한 사람이 많다. 돈 때문에 행복이 깨지기도 한다. 돈 때문에 부자간, 형제간의 우애가 멀어지기도 한다. 이런 것을 보면 돈이 행복을 가져다주는 것은 아니다. 물론 돈은 없는 것보다 있는 것이 낫다. 오늘날 돈은 살아가는 데 편리한 도구임에는 틀림없기 때문이다. 그러나 이것이 전부는 분명 아니다. 이렇듯 돈은 삶을 살아가는 데 필요조건은 되지만 충분조건은 아니다. 그런데도 사람들은 돈이 전부인 양 생각하는 경향이 있다. 오히려 이런 생각 때문에 더욱 불행해지고 있다.

자본주의 시장경제 체제에서 돈은 중요하다. 자본주의는 사람의 이기적 본능을 자극한다. 그래야 열심히 일한다. 이기적 본능은 사람을 창의적으로 만든다. 경쟁에서 이기기 위해서다. 경쟁은 시장에서 이루어진다. 시장에서는 가격 기능이 작동한다. 상품을 만드는 수많은 사람과 사려는 수많은 사람들이 자기의 이기적 본능에 의하여 거래를 한다. 소위 보이지 않는 손(Invisible hand)이 작동한다.

공급자는 값싸고 질 좋은 상품을 만들어야 경쟁시장에서 상품을 팔 수 있다. 따라서 기업은 제품을 만들어 내는 것도 중요하지만 같은 상품이더라도 비용을 절감하여 품질이 좋은 제품을 만들어 내야 한다. 소비자들이 품질과 가격을 조사하여 구매할 상품을 선택하기 때문이다. 돈을 매개로 하여 물건을 사고판다. 돈이 곧 재화이다. 그래서 사람들은 돈을 중요하게 생각한다. 이렇듯 돈이 중요한 것은 사실이지만 빵만으로 사람은 살 수 없다는 것을 간과하지 말아야 한다.

사람은 사회적 동물이다. 사람은 혼자서 살아갈 수 없다. 사회는 여러 사람이 어울려 살아가는 곳이다. 남과 같이 어울리지 못하면 사람은 살아갈 수 없다. 아무리 돈이 많고 지식이 깊고 인격이 훌륭하다고 하더라도 사람들과 떨어져서 살아갈 수 없다. 어울려 살아야 한다. 그래서 사람을 사회적 동물이라고 한다. 그래서 잘 어울리지 못하거나 남보다 잘났다고 뻐기는 사람은 외톨이가 되기 십상이다. 외톨이가 되면 뻐길 수도 없다. 자기밖에 없는데 누가 누구한테 자랑할 수 있단 말인가. 누가 알아주는 사람이 있어야 뻐길 수도 있다. 사회생활에서 외톨이는 불행하다. 돈을 많이 번 사람일수록 외로운 경우가 많다. 그 외로움을 덜어내는 방법은 많다. 그중에 하나가 남에 대한 배려이다. 배려는 남의 어려움이나 아픔을 헤아려 주는 데서 시작된다. 여유가 있어서 도움을 주면 더욱 좋다. 남을 배려할 줄 아는 사람은 행복한 사람이다. 행복해지려면 먼저 남을 배려하는 마음을 가져야 한다. 배려는 건전한 사회기풍을 만드는 데 기여한다. 이런 의미에서 돈을 많이 번 사람일수록 지식이 많은 사람일수록 남에게 베푸는 데 앞장서는 것은 바람직하다. 행복한 사람이 불행한 사람보다 애정이 풍부하고 용서를 잘한다는 것을 잊지 말아야 한다.

지식정보화 시대에서 지식의 중요성은 새삼 강조할 필요가 없다. 이미 지식의 격차가 빈부의 격차보다 더 큰 영향을 미치는 사회이다. 부자와 가난한 자 간의 격차가 아무리 크더라도 무지한 자와 교육받은 자의 격차는 이보다 더 크다. 지식은 써서 없어지는 것이 아니라 쓸수록 늘어나고 발전하는 것이다. 따라서 이것은 남에게 베풀면 베풀수록 좋은 것이다. 특히 지식은 약자와 가난한 자도 소유할 수 있다. 이것이야말로 지식이 갖는 특성이다. 이런 의미에서 사회적 경험이 많은 사람이나 전문지식인의 사회봉사활동은 의미가 있다. 특히 퇴직한 사람들의 사회봉사활동은 우리 사회를 선진사회로 이끌어 가는 데 큰 도움이 될 것이다. 이것은 본인들의 자아성취 기회도 높여 줌으로써 건강을 증진시키고 삶을 윤택하게 해 줄 것이다.

돈을 많이 번 사람도 남을 배려하는 마음가짐을 가질 때 더욱 행복해질 수 있다. 지식은 쓰면 쓸수록 없어지지 않고 늘어나지만 돈은 그렇지 않다. 일정한 양을 가지고 누가 많이 차지하는가에 따라서 많이 가진 사람과 적게 가진 사람이 나타난다. 돈을 벌었다는 것은 남보다 더 열심히 하고 고생도 많이 한 결과이다. 자기가 땀 흘려 노력하여 부를 이루었다는 그 자체로도 자기 성취감을 이루었고 거기에서 행복도 느낄 수 있을 것이다. 그 자체로 사회공동체를 위하여 훌륭한 기여를 한 것이다. 그러나 그 자체로 만족하고 살아간다면 사회적 의무를 다했다고 할 수 없다. 남을 배려하는 마음이 있어야 한다. 오늘날 높은 이윤을 내면서도 사회공헌활동에 적극적인 기업들이 존경을 받고 있는 이유도 여기에 있다. 기업들이 사회적 책임을 하고 있기 때문이다. 이들의 도움을 받는 사회 역시 이들에게 고마움을 표할 줄 알아야 한다. 이들의 사회공헌 활동은 고귀한 정성과 마음이 담겨 있는 세상 어느 것보다 귀한 선물이기 때문이다.

'내리받이 사랑'이라는 말이 있다. 사랑은 위에서 아래로 주는 것이다. 부모가 자녀에게, 어른이 아이들에게 주는 것이 사랑이다. 이런 사랑은 대가를 바라지 않는다. 주는 것이 좋고 그래서 행복해지기 때문이다. 남을 돕는 것도 마찬가지이다. 도움을 받은 사람으로부터 나중에 다시 받기를 기대하고 하는 것은 진정한 도움이 아니다. 그런 마음으로 남을 도와준다고 하더라도 현실은 되돌려 받아지지 않는다. 자기로부터 도움을 받은 사람은 또 다른 사람에게 도움을 주게 마련이다. 자기가 남으로부터 받은 것을 도움을 준 사람이 아닌 사람에게 도움을 주더라도 사회적으로 보면 가치 있는 것이다. 그런 것이 함께 살아가는 사회 공동체의 모습이다.

인생은 예측된 방법으로 살아지지 않는다. 물론 행복한 인생을 살기 위하여 젊은 시절에 열심히 공부하고 일도 한다. 자기 인생을 알차게 살기 위하여 사람들은 자기의 주어진 분야에서 열심히 한다. 그렇다고 성과가 열심히 공부한 만큼, 일한 만큼 얻어지는 것은 아니다. 경제행위는 합리적 선택을 전제하고 있지만 인생은 반드시 그런 것은 아니다. 오히려 비합리적 행동을 하는 경우도 적지 않다. 우연이 기회를 가져다주기도 한다. 이렇듯 세상은 생각대로 되는 것이 아니다. 예측지 못한 일이 발생할 수 있는 것이 인생이다. 잘나가던 사람도 자기 의사나 행동과 관계없이 어긋나기도 한다. 앞일은 누구도 정확히 알 수 없다. 가난한 사람이 부자가 될 수 있고 배우지 못한 사람도 고위직에 오를 수 있다. 그래서 인생은 재미있는 것이다. 그러나 중요한 것은 노력하는 사람에게 그 기회가 많이 열려 있다는 것이다.

젊은 시절에 무엇을 하여야 하나?

 책을 많이 읽어라

책은 지식의 샘이다. 그런데 요즘에 책 읽는 사람이 줄고 있다. 시대는 지식정보화 사회인데 책 읽는 사람은 오히려 줄어들고 있다는 것은 또 하나의 역설이다. 컴퓨터 기기와 정보통신기술의 발전이 그렇게 만들고 있다. 요즘에는 컴퓨터 대신 휴대폰만 가지고도 컴퓨터 기능을 할 수 있기 때문에 이동하면서도 집에 있는 것처럼 컴퓨터의 모든 기능을 이용하고 즐길 수 있다. 젊은이들은 움직이는 공간에서도 휴대폰으로 TV를 보거나 게임을 즐기고 있다. 발 들여 놓을 수 없는 상황인데도

휴대폰에 빠져 있다. 이어폰을 끼고 음악을 듣기도 한다. 이러다 보니 전철에서도 책 읽는 사람이 많이 줄었다. 글을 읽는 경우에도 주로 무가지를 본다.

앞으로 이런 경향은 더욱 가속화될 전망이다. 소프트웨어 개발 경쟁이 뜨겁기 때문이다. 애플(Apple)사는 혁신적 스마트폰인 아이폰의 성공에 이어 아이패드(iPad)라는 신개념의 태블릿 PC까지 출시하고 있다. 소위 아이티브이(iTV)를 출시함으로써 TV와 PC, 아이폰을 인터넷과 앱스토어로 연계하여 IT산업 혁명을 유발하고 있다. 이에 대항하는 IT업체들 역시 이보다 나은 상품개발에 모든 노력을 경주하고 있다.

IT기술의 발전이 생각과 행동 나아가 관습까지 바꾸고 있다. 요즘 젊은이들이 소통하는 글자를 보면 대부분 약어이다. 이들에게 한글 맞춤법을 얘기하는 것은 어불성설이다. 낱말을 제대로 쓰는 것이 아니라 자음과 모음의 첫 글자나 부호를 주로 쓴다. 이러다 보니 단어가 없다. 낱말이 없다. 자기들만의 소통은 이루어지지만 다른 연배하고는 소통이 잘 안 된다. 축약어를 쓰다 보니 의미전달이 되지 않는 경우도 적지 않다. 이런 데 익숙하다 보면 소통속도는 높아질지 몰라도 사고능력이나 문장능력은 향상될 수 없다. 이렇게 자란 아이들에게 제대로 된 문장을 써 보라는 것 자체가 무리일지 모른다. 물론 학교교육을 제대로 받으면 가능할 것이다. 그러나 더욱 중요한 것은 일상생활에서부터 제대로 된 문장을 쓰도록 하는 노력이 필요하다. 이렇게 하지 않으면 문장력은 물론 논리력조차 높아지지 않는다.

정확한 의미 전달은 정확한 용어 사용과 바른 문장에서 이루어진다. 사고력과 논리력도 제대로 된 문장의 사용에서 키워진다. 이런 것은 초중등교육에서부터 지속적인 노력이 있어야 가능해진다. 오늘날처럼 젊은이들의 소통 행태가 글자가 아닌 자음이나 모음 또는 부호로 이루어지면 상상력은 키워질 수 있으나 논리력은 키워질 수 없다.

논리력이나 창의력은 생각의 깊이에서 이루어진다. 생각의 깊이는 책 속에 많이 담겨 있다. 그런데 오늘날 젊은이들은 책을 멀리한다. 어른도 마찬가지이다. 요즘에는 정치인을 비롯하여 많은 사람들이 의사전달 수단으로 트위터(twitter)를 많이 활용한다. 새로운 인터넷 소통 도구인 트위터는 140자 이내의 단문으로 하여야 한다. 140자 이내로 소통을 하여야 하기 때문에 단문을 잘 써야 한다. 제대로 소통할 수 있는 핵심단어가 중요하다. 이 과정에서 키워드를 생각하는 과정을 거칠 수밖에 없고 그러다 보면 요약하는 능력은 높아질 수 있다. 그러나 이런 단문에 빠지다 보면 종합적 능력은 향상되기 어렵다.

오늘날 우리 사회를 보면 이런 시대 흐름에 대한 반동인지 몰라도 인문학에 대한 관심이 높아지고 있다. 특히 기업 CEO들의 관심이 높다. 그 이유는 인문학을 공부한 사람들이 급속히 변화하는 오늘의 환경에서 잘 적응하고 미래를 보는 시야가 넓기 때문이다. 뿌리가 단단하기 때문이다. 이런 영향으로 그 동안 기업이 사원 모집할 때 사회과학이나 공학중심으로 하던 것이 이제는 인문학까지 넓히고 있다. 그만큼 인문학이 학문의 기초가 됨과 아울러 기업경영에도 도움이 되고 있다.

이런 현상은 미국에서부터 나타났다. 미국의 주요 경영자 중에는 인문학 출신자가 많다. 중간 간부들 역시 인문학 전공자가 많다. 직위가 올라갈수록 사물의 판단능력에서 이들이 잘하기 때문이다. 문과 학업으로 훈련받은 사람들이 사안의 본질을 파고들어 해법을 찾는 데서 뛰어나기 때문이다. 특히 오늘날처럼 불확실성이 높은 사회에서는 인문학 출신들이 역할을 잘하고 있다. 그래서 직원을 뽑을 때 사물의 분석, 글쓰기, 논변으로 이루어지는 것을 중시한다. 바로 이런 것은 문과 학업에서 주로 이루어진다.

경영학이나 공학이 물질 자본의 증대에 기여한다면, 인문학은 정신자본의 축적에 기여한다. 젊은이의 이런 능력을 키우는 것은 학교교육뿐만 아니라 책에서도 배울 수 있다. 그래서 책을 많이 읽어야 한다. 무조건 읽는 것이 아니라 자기의 관심 영역과 생각의 폭을 넓히고 깊게 하면서 책 속에서 인생의 진로를 찾을 수 있어야 한다.

 ## 정보화 시대에도 인성과 사회성이 중요하다

정보화 시대에 접어들면서 한때 디지털 디바이드(정보격차) 라는 말이 회자된 적이 있다. 이 말은 요즘도 유효하다. 스마트 폰과 같은 기기의 등장으로 오히려 그 격차가 커지고 있다. 정 보화 시대는 확실히 젊은이들의 세상이다. 인터넷을 이용하여 정보를 수집하고 정보를 교류·저장하고 활용하는 것은 이제 일상적인 일이 되어 버렸다. 이러나 보니 정보화를 젊은이의 특권처럼 남용하는 경향도 나타나고 있다. 이를 통해 얻은 지 식이 지식의 전부인 양 착각하기도 한다. 부분적이고 단편적인 정보를 가지고 지식인 양 생각하는 경향도 있다. 이러다 보니 젊은이들 사회에서는 단편적인 정보나 기능을 우선시하는 분 위기도 있다. 그래서 정보화 시대에는 정보를 제대로 받아들이 고 이해할 수 있는 지식이 중요하다. 거기에는 사물을 옳게 보 고 판단할 수 있는 능력과 인성이 뒷받침되어야 한다. 더불어 살아가는 공동체 사회에서는 더욱 그러하다.

건강한 인성이 뒷받침되지 않은 지식이나 기능은 올바른 것 이 아니다. 도덕성을 지니고 타인에 대한 이해와 배려로 더불 어 사는 지혜를 갖출 때 이런 지식도 가치가 있는 것이다. 이 런 고려가 미흡하다 보니 부작용도 나타나고 있다. 컴퓨터에 많은 시간을 할애하다 보니 사회에서 얻어지는 지식의 중요성을 간과하는 경향이 있다. 컴퓨터와 친구를 하다 보니 이런 사회적 활동을 가볍게 생각하는 경향이 있다. 젊은이들은 인터넷에서 이런 사회적 기능을 하고 있다고 생각한다. 인터넷을 통하여 불특정 다수와 소통하고 동호인끼리 만나서 공동의 주제를 다루는 것을 만남의 확대 나아가 사회적 활동으로 생각하고 있다. 맞는 말이지만 꼭 그런 것만은 아니다. 불특정 다수와의 소통은 대면활동과 다른 상황에서 하는 것이기 때문에 상대방의 진심을 알기 어렵다. 그래서 이해관계나 인생관 등에 대한 얘기를 하기 어렵다.

이렇듯 요즘 젊은이들의 사회관계 형성은 인터넷을 통하여 많이 이루어진다. 취미나 관심사항이 같은 사람끼리 컴퓨터를 통한 가상공간에서 소통을 하고 이들이 다시 모임을 통하여 만남이 이루어진다. 그러다 보니 진실한 친구나 지인의 만남이 아니라 취미나 관심이 같은 사람끼리 어울리게 된다. 따라서 관심이 사라지면 만나는 사람도 바뀌게 된다. 동호인 모임은 취미가 바뀌면 그것으로 끝이다. 이러다 보니 이들에게는 아름다운 우정이 만들어지기 어렵다. 물론 이런 사귐도 다양성이라는 측면에서 좋은 면도 있다. 그러나 이런 만남으로는 우정이 생기지 않는다. 젊은 시절에 자기의 고민을 얘기할 수 있는 깊은 친구를 사귀지 않으면 나머지 인생에서 이런 친구를 사귀기란 쉽지 않다.

컴퓨터를 친구로 하면서 나타나는 부작용의 하나는 자연과 운동을 멀리하는 것이다. 컴퓨터와 어울리는 시간이 많으면 많을수록 자연에 접할 기회는 적어지고 그럴수록 자연이 우리 사람들에게 베풀고 있는 고마움을 알 수 있는 기회도 적어진다. 자연의 아름다움을 즐기는 것은 어렵다고 하더라도 운동조차 하지 않으려 한다. 오로지 컴퓨터만 가까이하려 한다. 그러다 보니 컴퓨터와 함께하는 시간만 길어질 뿐이다. 인터넷에는 좋은 정보와 지식도 많지만 그렇지 않은 것도 많다. 그것을 구분하여 활용하면 좋겠지만 실상은 나쁜 것을 먼저 취하게 된다. 악화가 양화를 구축하는 논리와 같다. 그러다 보니 순수하여야 할 청소년층의 정서에도 악영향을 미치고 있다. 최근에는 그 도가 더해지는 경향을 보이고 있다. 안타까운 일이다.

이뿐만이 아니다. 공동체의식이 약화되어 가고 또한 공동체에 대한 관심도 낮다. 경우에 따라서는 더불어 살아가는 사회적 덕목이라 할 수 있는 공공질서를 우습게 알기도 한다. 이런 젊은이들의 행동에 용기를 갖고 나무라는 어른도 찾아보기 힘든 세상이다. 연장자가 연소자를 이끌어 주는 것은 바람직한 일이다. 그런데 이런 가르침이 사라지고 있다. 이러다 보니 젊은이들이 전통과 예절, 생명에 대한 외경심, 봉사하고 아름다운 것을 기리는 마음이 약해지고 있다. 공동체 정신은 서로 간의 나눔과 섬김의 정신이 없으면 이루어지기 힘들다. 상대방을 이해하는 자세와 상대방을 믿는 마음이 없으면 공동체 형성은 이루어질 수 없다. 남의 입장을 이해하려는 마음가짐, 바로 이것이 남과 함께 더불어 살아가는 공동체의 기본이라 할 수 있다.

혹자는 이러한 문제는 사회변화의 흐름에 따라 자연적으로 조정되기 때문에 걱정할 문제가 아니라고 말하기도 한다. 변화는 항상 한 시대의 관점에서 보면 불안하고 걱정스럽지만 긴 역사적 관점에서 보면 그렇게 염려할 필요가 없다고 지적하는 사람도 있다. 그러나 무관심한 것보다는 관심을 갖는 경우가 변화에 따른 부작용도 줄일 수 있고 또한 바람직한 대안도 강구하게 된다. 이런 의미에서 젊은이들의 가치관과 의식구조의 변화에 지속적으로 관심을 갖고 지도하고 노력하면 변화의 부작용을 최소화하면서 새로운 시대에 맞는 선진된 의식구조를 형성하는 계기가 될 수 있다.

우리 시대의 진정한 희망은 무엇인가? 자라는 세대와 젊은이들에게 더불어 살아가는 덕목을 깨우치게 하는 것이다. 취업문제 등 오늘이 어렵다고 하더라도 포기하지 않고 이 어려움을 극복할 수 있다는 강인한 정신력을 길러 주는 것이다. 바른 생각, 넓은 마음, 불의를 질타할 수 있는 용기 이런 것이 우리 사회에 널리 퍼질 때 우리 사회도 희망의 빛으로 감싸게 될 것이다.

 ## 다양한 경험을 통해 인내와 끈기를 배워라

우리 속담에 "젊어서 고생은 돈 주고도 못 산다."는 말이 있다. 이 말은 여러 의미를 담고 있다. 그중에서도 젊은 시절에 한 고생은 인생에 있어서 중요한 자산이 된다는 의미일 것이다. 경험을 통하여 얻은 지식은 인생의 자산이 될 수 있다. 젊은 시절에는 용기가 넘친다. 무슨 일이든지 자기가 하려고 마음만 먹으면 도전하여 경험할 수 있다. 도전이라는 것은 무조건 하는 것이 아니다. 사전에 철저하게 분석하고 용의주도하게 계획을 세워서 해야 한다. 젊음의 용기란 만용이 아니라 그만큼 충실한 준비가 필요함을 의미한다. 도전을 통해 기회를 만드는 슬기가 필요하다. 기회는 쉽게 오는 것이 아니다. 기회는 도전하는 자가 만드는 것이기도 하다. 도전하지 않는 자에게는 기회도 없다. 도전하는 경우에는 미래를 설계하면서 자기 인생의 발판을 삼는 기회로 활용해야 한다.

젊은 시절에는 다양한 경험을 해야 한다. 미래 목표를 올바르게 설정하려면 젊은 시절의 다양한 경험이 도움이 된다. 다양한 경험은 세상을 보다 넓게 보게 하고 사회를 제대로 알게 한다. 자기가 좋아하는 것만 골라서 하면 세상을 제대로 볼 수 없고 알 수도 없다. 좋아하는 음식만 먹다가 몸이 허약해지는 것과 같다. 세상은 넓고 할 일도 많다. 자기가 좋아하는 것만

하다 보면 한 분야의 전문가는 될지 모르지만 편협해지기 쉽다. 오늘날과 같은 통섭의 시대, 융합의 시대에서는 자기 전공을 살리면서도 인접학문, 나아가 아주 다른 분야의 경험도 필요하다. 일을 하다 보면 생각대로 계획대로 되지 않는 경우도 많다. 그 이유를 찾아내야 한다. 그러려면 반드시 스스로 평가하는 시간을 가져야 한다. 그래야만 경험의 축적이 자기의 지식이 되고 자산이 될 수 있다. 젊은 날 이런 경험은 세상 보는 눈을 넓게 하고 이는 미래 인생의 자산이 된다.

다양한 경험을 하는 과정에서 자기의 적성도 파악할 수 있다. 지금까지 우리의 교육은 초중등학교 시절에는 입시에 매몰되어 적성을 파악할 기회를 갖지 못했다. 이 결과 고등학생이되고 대학생이 되었지만 자기의 적성을 모르는 경우가 많다. 고등교육 시절에는 취업문제가 발등의 불이 되다 보니 자기 미래에 대한 계획을 세우지 못하고 있다. 경험은 바로 자기가 자기를 몰랐던 것을 알게 한다. 바로 적성을 찾게 해 주기도 한다.

젊은 시절에는 다양한 세상일에 접하면서 자기의 단점과 장점을 발견할 수 있다. 이런 계기는 경험에서 온다. 경험도 중요하지만 만나는 사람은 더욱더 중요하다. 다양한 경험을 하면서 다른 사람들을 만나는 것이 중요하다. 만나는 사람들에 대하여 주의를 기울이면 어느 사람이건 배울 것이 있다. 세상에서 성공한 사람들의 얘기를 들어 보면 우연찮게 만난 사람으로부터 영감이나 인생의 길을 발견한 경우가 많다. 만남으로부터 미래 인생의 좌표를 찾은 것이다. 사람은 어느 곳에서 우연찮게 옛날 사람을 만나서 도움을 받을지 모른다. 그래서 사람관계가 중요하다.

다양한 사람과 만나고 경험하는 것은 인생의 폭을 넓혀 준다. 이런 경험을 통하여 자신의 성격도 고쳐진다. 가정과 학교에서 제대로 길러지지 않은 사회성과 인성이 다양한 사람을 만나고 경험하면서 다듬어지고 길러진다. 오히려 이런 경험이 지금 책상에 앉아서 취직시험공부 하는 것보다 취직의 기회를 얻을 확률이 높을 수 있다. 정보를 얻고 사람을 만날 수 있기 때문이다. 어느 분야이건 성공한 사람들의 얘기는 그만의 독특함과 투철한 노력이 있다. 이런 얘기를 들으면 자기도 하고 싶은 생각이 든다. 자극이 되는 것이다.

다양한 사람을 만나면 세상을 보는 눈이 달라진다. 같은 또래 친구보다 세상을 넓게 본다. 만나면서 많은 것을 듣게 되고 배우게 된다. 듣는 것의 중요성을 스스로 깨닫기도 한다. 그리고 이들과의 사귐을 통해서 네트워킹을 넓혀 갈 수 있다. 멘토를 만날 수도 있고 코치를 받을 수도 있다. 만남은 자연적으로 대화와 소통하게 되면서 대화법도 배우게 된다. 자기 생각을 어떻게 조리 있게 할 수 있는지를 알게 된다.

그러려면 만남 그 자체를 즐겨야 한다. 그리고 대화를 즐겨야 한다. 대화는 소통의 장이고 이를 통해 좁게는 가족과 친구로부터 정보와 대안을 찾을 수 있다. 넓게는 다른 분야 사람들과의 만남을 통하여 정보를 얻을 수 있다. 이런 자세를 가진 사람은 가정에서도 소통을 중시한다. 평범한 일상생활 중에 나누는 부모와 형제자매들과의 대화를 통하여 자기를 반추하고 가야 할 방향, 가족으로서의 책임의식과 자기 역할에 대하여 생각하게 된다. 외향적인 사람이 내향적인 사람보다 훨씬 더 적극적인 인생을 살아갈 수 있다.

젊은 시절 자기가 겪은 일들을 통해서 미래 설계를 하여야 한다. 미래 설계는 단순히 그려지지 않는다. 그만큼 경험과 그 분야에 대한 남다른 고민이 있을 때 그릴 수 있다. 우리말에 "하다가 아니 하면 하지 않은 것보다 못하다."는 말이 있다. 어느 것을 하더라도 제대로 시간을 갖고 하여야 성과를 기대할 수 있다. 끈질기게 매달려야 결과를 얻을 수 있다. 끈기 없이 얻어지는 것은 많지 않다.

그런데 오늘날 젊은이들은 끈기가 부족하다. 무슨 일을 하더라도 짧은 시간에 성과가 안 나면 쉽게 포기한다. 끈질기게 붙들고 매달리는 경향이 줄어들고 있다. 이렇게까지 된 요인은 다양하다. 그중에 하나는 부모나 어른들의 태도에서 기인한 면도 적지 않다. 너무 성급하게 아이들에게 기대한다. 기다리는 미덕이 부족한 때문이다. 여기에 인터넷의 영향은 이런 조급증을 더욱 가속시키고 있다. 인내하고 기다리려 하지 않는다. 기다릴 줄 알아야 한다. 무슨 일이 제대로 되지 않는다고 하여도 그것이 실패한 것이라고 생각하기에 앞서 그 실패에서 교훈을 얻는 자세를 가져야 한다.

2010년 밴쿠버 동계올림픽에서 메달을 딴 선수 중 자기의 주 종목인 쇼트트랙에서 탈락한 뒤 종목을 바꾸어 올림픽에 출전할 수 있었다. 그리고 금메달까지 목에 걸었다. 장거리 레이스에서 자기가 익힌 지금까지의 단거리 기술을 접목하여 금메달을 목에 건 것이다. 이러한 성과는 처음 실패했을 때 포기하지 않았기에 가능한 것이다. 여기에 자기가 그동안 익힌 코너워크 기술을 접목했다. 장거리 선수들이 갖지 않았던 기술을 활용한 것이다. 남이 익히지 못한 쇼트트랙의 코너워크 기술의 차별화 전략을 접목하여 성공한 것이다. 포기하지 않는 자세, 불굴의 자세가 그래서 중요하다. 젊은이들은 다양한 경험을 통해서 인내심과 쉽게 포기하지 않는 지구력을 기르는 훈련과 노력을 꾸준히 해 나가야 한다.

인간관계를 넓혀라

요즘에는 취업의 전 단계로 인턴을 많이 한다. 인턴의 원래 의미는 전문의가 되기 위해 거치는 수련의 과정 가운데 첫 1년 동안의 의사를 이르는 말이지만 요즘에는 기업들이 신입사원을 선발하기 전에 여러 부서에서 실습을 거치도록 하는 것을 의미한다. 공식으로 취업하는 것도 아닌데 인턴을 하기도 쉽지 않다. 그래서 인턴사원 모집에도 경쟁률이 높다.

일반적으로 대학 3학년 2학기가 되면 인턴을 할 수 있다. 인턴은 주로 방학 기간 중에 하고 방학이 끝나면 다시 학교로 돌아온다. 취업이 어려운 상황에서는 인턴을 하기도 쉽지 않다. 좋은 회사에는 희망자가 몰리고 이러다 보니 경쟁률이 높게 마련이다. 높은 경쟁률을 뚫고 인턴으로 들어오게 되면 같은 과정을 통하여 들어온 다른 인턴과 함께 동질감을 느끼게 된다. 어려운 관문을 뚫고 들어온 때문이다. 능력이 비슷한 사람들끼리 한두 달간 회사에서 같이 일하면서 지인관계가 된다. 그러다가 과제가 주어지면 이를 고민하고 같이 풀어 나가는 과정에서 우정이 싹트고 서로 돕고 돕는 관계로 발전한다. 그렇게 지나다 보면 인턴이 끝나고 나서도 서로 연락을 주고받으면서 정보를 나누게 된다. 이런 관계가 되다 보니 당면 과제인 취업문제도 서로서로 정보를 주고받으면서 협력하게 되는 것이다.

인턴 인맥은 전통적인 인맥과 다르다. 학연이나 지연이라는 것은 같은 학교, 같은 지역 출신이라는 단순한 사실만 가지고 인맥이 형성되는 것에 비하여 인턴 인맥은 나름대로 능력을 검증받고 맺어진 인연이다. 전통적인 인맥이 주어진 조건에 따라 수동적인 자세에서 수직적·수평적 관계라면 인턴 인맥은 능력과 전문성에 바탕을 둔 비슷한 능력을 가진 사람끼리 맺어진 수평적 네트워크이다. 따라서 연대감도 그만큼 강하다고 할 수 있다. 평생직장의 개념이 사라진 상황에서는 이들은 취업뿐만 아니라 취업 후 이직 시에도 서로 도움을 주고받는다. 같은 회사에서 인턴을 했더라도 취업은 각각 다른 회사에서 할 수 있다. 이럴 경우 회사 업무에도 서로 도움을 주고받는다. 모르는 것이 있으면 서로 연락을 취하여 도움을 주고받을 수 있기 때문이다. 이들은 만남의 지속을 통하여 서로 지식과 정보를 공유하기 때문이다.

중요한 것은 인턴과정을 자기의 소질을 파악하는 기회로 활용하는 것이다. 비록 짧은 시간의 인턴을 하는 경우라도 노력 여하에 따라서는 인생 길잡이의 시간이 될 수 있다. 또한 인턴을 하는 기간에도 좋은 인상을 남기도록 해야 한다. 그러려면 성실한 자세를 가져야 한다.

취업을 하고 나면 직장 내에서의 사람뿐만 아니라 직무를 통하여 만나는 사람도 있다. 다른 회사원이지만 같은 직무를 하기 때문에 자주 만나게 되는 사람도 있다. 이런 경우에도 같은 분야에 종사하는 동질성과 전문성의 측면에서 좋은 인적 관계 자산이 만들어질 수 있다. 경제단체 등에서는 각 분야별로 회의도 하고 교육도 한다. 이런 기회를 적극 활용하는 것이 좋다. 사람이 모이는 곳에서 지식을 쌓고 정보를 교류할 수 있기 때문이다. 직무를 통해 만나는 사람들은 그 분야의 전문가들이기 때문에 다른 곳에서 들을 수 없는 많은 정보와 지식이 있다. 기업의 입장에서도 이런 교육이나 회의에는 적극적이다. 기업에 도움이 되기 때문이다.

소극적 젊은이들은 취업이 안 되면 자기는 백도 없고 인맥도 없기 때문이라고 하소연한다. 그러면서 공연히 부모 탓을한다. 물론 취업이 어렵다 보니 나타나는 현상이기는 하지만이것은 자기 책임을 남에게 전가하는 꼴이다. 대학을 졸업하면당당한 성인이고 모든 것은 자기 책임인 것이다. 따라서 취업도 스스로 노력해서 이루어 내야 한다. 같은 또래 젊은이들이백이나 가족이 좋은 인맥을 갖고 있는 경우는 매우 드물다. 대부분 본인과 비슷한 처지이다. 비슷한 상황인데도 누구는 취업을 하고 자기는 못 하고 있는 것은 나름대로 이유가 있다. 그이유를 찾아서 개선해야 한다.

소극적 성격의 소유자라면 적극적으로 행동하여야 한다. 먼저 좋은 인간관계를 만드는 노력을 해야 한다. 요즘에는 대학생을 상대로 교육하는 곳이 많다. 필자가 봉직하고 있는 한반도선진화재단에서도 하고 있다. 어느 경제단체에서는 매년 방학 중에 전국 대학생들을 대상으로 경제교육을 하고 있다. 여기에 참여하여 사귀는 것도 좋은 방법이다. 활용하기에 따라서전국적 네트워크를 만들 수 있다. 우선 인간적 관계 자산을 만들고 이를 적극 활용하는 자세를 가져야 한다. 이런 인간관계를 만드는 것이 이미 늦었다고 할지 모르지만 지금 시작하더라도 늦지 않았음을 명심하고 행동에 나서야 한다.

인터넷 세상이라고 하더라도 사회생활을 통해서 사람을 만나고 대화하고 배우는 것은 중요하다. 이런 배움은 학교나 책에서도 가르쳐 주지 않는다. 때문에 좋은 모임이 있을 때는 배우는 자세로 그 모임에 나가는 것이 좋다. 대화를 통해서 자기 스스로 체득하여 배우는 것이 적지 않기 때문이다.

환경의 영향도 중요하지만
극복하는 자세는 더욱 중요하다

주어진 환경은 한 개인의 성격 형성에 매우 중요하다. 성장 과정에서 주어진 환경이 인격 형성이나 세계관에 영향을 미치고 이것이 인생의 길을 결정해 주기도 한다. 그래서 가정환경이 중요하다. 학자 집안에 학자가 많이 나오고 정치인 집안에 정치인이 많이 나오는 것이 바로 이런 환경의 영향이다. 아이들이 자라면서 보고 배우는 것이 부모의 사고방식이고 행동이기 때문이다. 부모가 만나는 사람과 하는 일을 보고 자라면서 아버지와 어머니의 생각과 행동을 닮게 된다. 그래서 부모는 아이들의 거울이다.

중요한 것은 부모의 직업도 닮아 간다는 것이다. 아이들은 아버지 어머니가 만나는 사람들 그리고 그들이 나누는 얘기들로부터 세상을 배우게 된다. 이런 과정이 반복되면서 아이들도 모르게 부모가 하는 일을 아이들도 따라 하게 된다. 이런 영향으로 부모의 직업이 아이들에게 전승되는 경우가 적지 않다. 이런 것을 프랑스의 사회학자 부르동은 문화적 상속이라고 표현했다. 재산상속과 같은 개념이다. 재산은 물질적으로 아이들에게 상속되지만 부모님의 정신과 가문의 영향도 아이들에게 그대로 상속(전승)된다. 이것을 물적 자산인 재산상속과 같은 개념으로 문화상속이라고 했다.

주어진 어려운 환경을 극복하면서 성장하기는 쉽지 않다. 우리나라에 살고 있는 사람은 우리나라의 변화를 실감하지 못한다. 그러나 해외에서 생활하다 온 사람들은 우리나라의 변화를 실감한다. 이렇듯 우리나라처럼 아직도 변화의 여지가 큰 상황에서는 노력으로 주어진 환경을 극복할 수 있다. 1960년대만 해도 학생들은 우리나라를 자원도 돈도 없는 나라, 외침을 많이 받아서 고생을 많이 한 나라로 배웠다. 수많은 외침 속에서도 한 나라를 반만년 이상 지켜 온 나라라는 것도 배웠다. 사실 그러했다. 주어진 환경에 굴복하지 않고 이를 극복하려는 노력이 오늘의 우리를 있게 한 원동력이었다.

우리나라는 지난 60년 전만 해도 세계에서 최빈국 중의 하나였다. 자원도 자본도 없는 나라가 이렇게 경제 선진국이 될수 있었던 것은 현실에 굴하지 않고 이를 극복했기 때문이다. 해방 당시에는 열악한 가정환경 때문에 제대로 교육을 받지 못했다. 그 당시 우리나라의 문맹률은 80%가 넘었다. 그런데 우리는 이것을 극복했다. 이제는 문맹률이 제로에 가까울 정도가 되었다. 교육열이 그렇게 만들었고 이것이 또한 우리나라 경제 발전의 동력으로 작용한 것이다. 개인의 경우에도 마찬가지이다. 어려운 상황에서라도 그 장애를 극복하려는 자세가 있다면 그는 성공할 수 있다. 부모에게 물려받은 재산상속이나 문화상속이 없다는 것이 오히려 그 사람을 자극시켜서 더욱 열심히 공부하게 하고 인생 살아가는 법을 깨우치게 하기 때문이다. 이렇게 볼 때 대한민국의 부모님들은 자식들에게 재산상속은 하지 못했지만 그보다 더 훌륭한 문화상속 즉 정신상속을 한 것이다. 훌륭한 정신을 심어 준 것이다. 이것이 바로 환경의 역설이다.

가정형편이 어려운 사람은 어려움을 이유로 도전을 포기하기보다 오히려 도전의 자극제로 이용했다. 변화의 시대에는 변화하는 사회환경을 이용했다. 변화의 사회에서는 평화의 시대에 익혔던 생활 자세와는 다른 변화에 대처할 수 있는 능력이 요구된다. 우리는 이미 지식·정보화 시대에 살고 있지만 변화의 파고는 이미 이 시대의 정점으로 향해 가고 있다. 이런 불확실성이 높은 사회에서 적응할 수 있는 사람은 어려움을 극복할 수 있는 정신과 자세를 가진 사람이고 또한 미래를 보는 눈을 가진 사람이다. 변화의 시대에 기회는 경험을 해 본 사람이 먼저 잡을 수 있다. 안온한 가정에서 훌륭한 가문의 수업을 받은 사람보다 광야에서 비바람 맞으면서 스스로 깨우치고 성장한 사람들이 성공할 확률이 높다. 지금도 그러한 시대이다. 취업하기 위하여 여러 가지 자격증 등으로 스펙을 쌓는 것도 중요하지만 부딪히면서 쌓은 지식이 훨씬 유리하다는 것을 알아야 한다. 책상서랍에 있는 자격증보다 이 자격증을 가지고 현장에서 활용한 사람이 훨씬 유리하다. 비록 현재는 실패하더라도 스스로 일을 찾아서 도전하는 사람이 최후의 승자가 될 수 있다.

우리 주변에 성공한 사람들을 보면 처음부터 성공한 사람은 별로 없다. 대부분 수많은 실패와 위험을 극복하고 이룬 성공이었다. 성공한 사람들에게는 이루어야 한다는 사명감이 있었다. 가정환경이 어려운 사람은 여기에서 굴복하지 않고 이를 극복했다. 우리나라의 근대화 과정에서 자수성가한 기업인 대부분이 그러했다. 초등학교도 제대로 나오지 못했지만 제대로 교육받은 사람 못지않게 대한민국 최고의 기업을 일군 사람도 있다. 정주영 회장이 대표적이다. 우리나라뿐만 아니라 세계적으로도 이런 사람은 많다. 철강왕 카네기도 그러하다. 카네기는 자기가 공부한 곳은 학교보다 지역사회 도서실이었다고 회고한 바 있다. 그가 이룩한 재산을 사회에 환원할 때 도서관 기증을 우선한 것도 모두 자기가 어린 시절에 공부했던 곳이기 때문이다. 지역사회의 무료 도서실이 이런 인물을 길러 낸 것이다. 사교육은 물론 정규교육을 제대로 받지 못하는 학생들에게도 배움의 기회를 제공한 것이다. 카네기는 미국 전역에 1,946개의 도서관을 기증했고 외국에도 865개의 도서관을 만들어 주었다.

"티핑포인트－Tipping Point"의 저자 맬컴 글레드웰(Malcolm Gladwell)이 쓴 "성공이야기－Outliers－The Story of Success"

를 보면 개성이나 지능과 같이 선천적으로 타고나는 특성은 직접적인 성공 요소가 아니라고 한다. 성공한 사람들은 타고난 개인적인 지능이나 소질보다 자라나온 환경과 가족 등 주변에서 주는 영향이 컸다고 한다. 주어진 환경이 한 사람에게 미친 영향이 크다는 것이다. 마이크로소프트를 창업한 빌 게이츠(Bill Gates)는 13살 때에 그 당시에 대학에도 없었던 컴퓨터를 접했다고 한다. 시내 중심가에 있는 대형 컴퓨터에 연결된 텔레타이프 기계가 한 대 있었는데 텔레타이프 기계를 이용하여 실시간 프로그램을 할 수 있었다고 한다. 어린 나이에 이미 컴퓨터 프로그램 문화에 젖을 수 있도록 사회환경이 주어진 것이다.

이렇듯 같은 상황이라도 주어진 환경을 어떻게 활용하느냐에 따라서 그 결과는 달라진다. 마음의 자세, 긍정적인 자세, 도전하는 자세가 중요하다. 도전하지 않으면 기회는 오지 않는다. 도전은 다양한 정보를 얻을 때 기회를 잡을 수 있다. 그래서 만남이 중요하다. 젊은 시절에 같은 학교 학생들과 어울리는 것도 중요하지만 학교를 넘어서 다른 젊은 또래의 만남이나 윗사람들과의 만남을 만들어 가는 것도 중요하다. 요즘에는 대학생이나 젊은이들을 상대로 하는 다양한 기관에서 교육하는 곳이 많다. 이런 교육에 참석하는 것도 좋은 방법이다. 그리고 각종 세미나나 강연 등에 참석하여서 이 시대의 이슈와 문제를 접할 수 있는 기회를 많이 가지는 것도 좋다.

당장 눈앞에 닥친 취업 준비로 시간이 없는데 이런 것까지

할 시간이 없다고 하는 사람에게는 미래가 없다. 바쁠수록 여유를 가져야 한다. 인생을 살다 보면 바쁜 사람들이 일도 많이 한다. 시간 없다고 하는 사람들은 자기 일도 제대로 못하는 경우를 보게 된다. 한 분야에 맡겨진 일만 열심히 하는 사람들은 취직을 해서 모범적인 사원이 될 수 있을지 몰라도 보다 큰 그릇으로 커 가는 데는 한계가 있다.

 젊음은 가능성에의 도전이다

우리 젊은이들은 획일적인 교육 탓에 창의성이 없다고 한다. 실제 대학에 들어가서도 미래 취직 걱정에 자기가 하고 싶은 것을 제대로 하지 못하는 경우가 많다. 그럴 때일수록 하고 싶은 일을 하여야 한다. '끼'가 있는 학생은 누가 말려도 자기가 하고 싶은 일을 한다. 그들의 감수성에서 나오는 '끼'의 발산은 막을 수 없다. '끼'는 어릴 때부터 나타난다. 만들기를 좋아하는 사람은 커서도 그 분야로 가야 성공할 가능성이 높다. 훌륭한 과학자나 예술가들을 보면 어릴 때 아이들의 잠재력을 간파한 부모들이 그들의 길을 열어 주어서 성공한 경우가 많다. 커서도 '끼'가 있는 학생들의 잠재성은 그들의 낙서에서부터 특별활동, 동아리 등 각종 모임을 통하여 발산하게 마련이다.

요즘은 예체능 부문에서 '끼' 있는 학생들이 많아지고 있다.

'끼'도 시대에 맞아야 활용가치가 높다. 초등학교 때 배운 개미와 베짱이의 이솝우화가 그 예다. 농경시대에는 열심히 일하는 개미가 모범생이었다. 베짱이는 노래만 부르니 그 시대에는 게으름뱅이에 속했다. 일손은 귀한데 도와주지 않으니 미울 수밖에 없었을 것이다. 개미는 뙤약볕에서 쉬지도 못하고 열심히 일하는데 베짱이는 여름 내내 그늘에서 노래만 하니 가난할 수밖에 없었다. 그런데 시대가 바뀌고 나니 베짱이들도 노는 것이 아니라는 것을 알게 됐다. 그들은 자기의 특기를 발휘하고 있었던 것이다. 지난 시대에는 한 가지 일에 몰두하여 열심히 했음에도 불구하고 인정을 못 받아서 결국은 게으름뱅이로 낙인찍힌 것이다. 시대보다 너무 앞서서 끼를 발산한 때문에 어려움을 겪은 것이다. 따라서 무슨 일이든지 시대에 맞아야 한다.

지금은 정보화 시대이고 지식 서비스 시대이다. 농경시대에는 농사를 짓는 것이 주업이었다면 지금은 지식·서비스 산업이 주도산업이고 부가가치도 훨씬 더 높다. 이렇게 시대가 바뀐 것이다. 시대가 바뀌다 보니 역할도 바뀌었다. 농경시대에 베짱이는 놀부에 불과했지만 지식정보화 사회에서는 베짱이도 개미 못지않게 일하고 있다는 것을 알게 됐다. 그것도 성장 분야에서 정말로 열심히 일을 하고 있다. 농경시대 개미가 농사일의 핵심인재였다면 정보문화 시대에서는 베짱이가 부가가치가 높은 3차 서비스 산업에 종사하는 핵심 인재이다. 오늘날 각광받는 지식서비스 산업이 없었다면 그들은 지금도 놀고먹는 게으름뱅이의 대명사로 불렸을 것이다. 그런데 서비스 산업이 새로운 부가가치 산업으로 부상하면서 이들에게 기회가 온 것이다. 연예인들이 요즘 얼마나 각광을 받고 있는지를 보면 알 수 있다. 겉으로 드러난 그들의 명예와 부만 보지 말고 그들이 노력하고 땀 흘린 과정을 보면 개미 못지않은 노력과 성실함을 알 수 있다. 이제 어느 분야이건 노력하지 않으면 성공하기 힘든 시대이다.

요즘 인기를 끌고 있는 '비보이(B-boy: Break-dancing boy)'를 보자. 여자는 비걸(B-girl)이라고 한다. 국어사전에는 '브레이크 댄스를 추는 사람'이라고 설명하고 있다. 구태여 우리말로 하자면 춤꾼이라고 할 수 있을 것이다. 그것도 그냥 춤이 아니다. 위험한 춤이다. 몸동작이 격렬하다. 단아한 우리의 전통 춤하고 비교하면 너무 격동적이다. 이런 춤을 우리가 인정하기 시작한 것은 얼마 되지 않는다. 아마 새천년 들어와서 각광받기 시작한 것 같다. 그런 신생 분야가 최근에 인기가 천정부지이다. 기업들의 행사나 정부의 행사에도 단골 초청대상이 될 정도이다. 한국뿐만 아니라 세계적으로도 인기이다. 중국 대륙에도 전용 극장이 생길 정도이다.

'비보이'의 기원은 1970년대로 거슬러 올라간다. 당시 흑인이 지배하던 뉴욕의 뒷골목에 히스패닉계가 몰려들기 시작하면서 '흑인문화'와 경쟁현상이 나타났다. 이 시기에는 '흑인문화'로 힙합이 유행하기 시작했다. 춤을 출 때는 폭력을 가하지 않기로 서로가 양해되어 있었다고 한다. 상대의 기를 죽이기 위해 온갖 기묘한 동작을 연출하다 보니 묘기에 가까운 춤동작이 나왔다고 한다. '비보이'들의 경연대회에 전투란 의미의 '배틀(Battle)'이란 말을 쓰는 이유도 여기에 있다. 그래서 '비보이'는 평화와 안식을 갈구하고 폭력과 가난의 질곡으로부터 벗어나려는 자유 의지가 담겨 있다는 평가를 받고 있다. 세계적 힙합 춤 대회인 '배틀오브더이어(Battle of the year)'라는 세계적인 대회에 2001년부터 한국대표가 출전하여 우승을 차지하는 등 매년 좋은 성적을 올리고 있다. 이런 성적이 인기를 더 올리고 있다. 이렇듯 세상은 변하는 것이다. 일도 하지 않고 놀고먹는다는 베짱이가 어느 날 인기인이 되고 그 산업이 부가가치를 더 많이 창출하는 분야가 된 것이다.

젊은이들은 좋은 직장만 찾지 말고 자기가 좋아하는 일을 찾아서 도전해 보는 것도 한 방법이다. 분명한 목표와 대상을 설정하고 거기에 자기의 열정을 불어넣어야 한다. 거기에는 당연히 창의성이 깃들어야 한다. 자기가 하고자 하는 일이 현재 보기에는 어렵고 희망 없는 일이라 하더라도 세상은 모르는 것이다. 언제인가 자기가 하는 일이 부가가치 높은 산업이 될지 모른다. 중요한 것은 그 분야의 전문가가 되고 경쟁력을 갖추는 것이다. 그러면 살아가는 데 어려움이 없을 것이다. 잘되면 성공도 할 수 있지만 비록 기대한 성공은 이루지 못하더라도 인생에서 후회는 크지 않을 것이다.

젊음의 장점은 도전정신이다. 성인들이 이리 재고 저리 재고 하느라 오히려 주어진 기회를 잃는 경향이 있다면 젊은이들은 이것저것 따지기보다 가능성에 대하여 과감히 도전한다. 오늘날 젊은이들은 과학적인 데이터를 가지고 자신의 지식을 접목하여서 가능성이 있다면 겁 없이 덤벼들 수 있는 세대이다. 앞선 세대보다 정보의 접근성이 높고 정보통신기기의 이용을 많이 하기 때문이다. 컴퓨터나 스마트폰 등 정보기기로 무장한 젊은이들은 사전에 정보를 수집하고 분석하면서 판단을 하기 때문에 성공의 가능성도 높다.

젊은이들은 불가능하다고 생각했던 것을 현실로 이루어 낸 경우가 많다. 그 사례가 서울 올림픽이고 월드컵이고 그리고 2010년 밴쿠버 동계올림픽에서 이룬 성과이다. 이것은 신화가 아니라 우리가 노력하여 만들어 낸 것이다. 그동안 우리들은 동계 올림픽에서 메달을 딴다는 생각을 거의 하지 않았다. 동계올림픽은 우리보다 체력조건이 좋은 서구의 전유물처럼 생각해 왔다. 선진국의 스포츠이고 돈 있는 나라들의 스포츠 경연장이라고 생각해 왔다.

그러나 우리나라도 경제력이 높아지면서 젊은이들은 영양 있는 식생활로 체력조건도 서양인 못지않게 좋아졌다. 여기에 좋은 시설, 과학적인 훈련이 가능해졌다. 이렇게 우리는 우리도 모르는 사이에 변했는데도 우리는 동계올림픽에서의 금메달은 우리가 아닌 서양선수들의 몫이라고 생각했다. 기존 시각에서 벗어나지 못했기 때문이다. 이런 생각에 변화를 가져온 것이 밴쿠버 동계올림픽이다. 우리의 젊은 선수들이 예상을 깨고 선전하면서 우리의 생각에 지각변동을 몰고 왔다. 역대 최고의 성적을 냈다.

물론 올림픽에서 선전하기까지는 과학적인 훈련과 이를 가능케 한 시설뿐만 아니라 지도자의 정열적인 뒷받침이 중요하다. 그럼에도 불가능하다고 생각했던 것을 젊은이들이 실력으로 기존의 통념을 깨 버렸다. 경기가 끝나고 우승한 이후 펼친 선수들의 세레모니도 가식이 없었다. 이루어 냈다는 기쁨을 그대로 표현하고 있다. 기성세대와는 완전히 다른 모습을 보여 주었다. 이보다 앞선 세대들의 기쁨의 표현은 늘 눈물이었다. 그러나 오늘날 한국의 젊은이들은 기쁨 그 자체를 즐거움으로 표현하고 있다.

젊음은 가능성에의 도전이다. 해방 이후 신생 대한민국은 세계 최빈국 중에서 빈국이었다. 그것이 바로 젊은 대한민국의 있는 그대로의 모습이었다. 신생 대한민국은 젊음 그 자체가 유일한 자산이었고 젊음의 기백으로 오늘날 대한민국을 일구어 냈다. 젊음 그 자체로 불가능하다고 했던 대한민국을 선진국 반열에 올려놓았다. 민주화 역시 그러했다. 우리나라가 이만큼 발전한 것은 젊음의 기백을 십이분 발휘했기 때문이다.

우리의 DNA에는 젊음의 기백이 있다. 과제는 이것을 어떻게 발현시키느냐에 있다.

퇴직은 또 다른 여정의 시작

우리 시대의 슬픈 話頭:

이태백, 사오정, 오륙도, 육이오

실업자가 많다 보니 신조어도 많이 등장한다. 그중에 대표적인 것이 '사오정'과 '오륙도'이다. '사오정'은 45세가 정년이라는 뜻이다. '오륙도'는 56세까지 직장에 남아 있으면 도둑 취급 받는다는 뜻이고 '육이오'는 62세까지 근무하면 5적으로 매도당한다는 뜻이다. 우리 사회의 슬픈 자화상이 시대의 유행어를 만들어 내고 있다. '삼팔선'은 38세가 되면 퇴직을 당할지 몰라 고민하게 된다는 뜻이다. 어느 사이 30대에까지 언제 직장을 떠날지 모른다는 불안감이 몰려오고 있다. 직장에서만 떠들던 자학의 말들이 이제는 사회의 유행어가 됐다. 그만큼 우리 사회에는 젊은 날에 직장을 떠나는 사람들이 많아졌다. 직장에 남아 있는 사람도 불안하기는 마찬가지다.

실업과 관련된 이 같은 용어는 1997년 12월 외환위기로 촉발된 경제위기 상황에서부터 사람들에게 오르내리기 시작했다. IMF로부터 구제금융을 받은 이후 세상은 격세지감으로 변했다. 평생직장으로 알고 지내던 일터에서 갑자기 사람들이 물러나기 시작한 것이다. 그때까지 들어 보지도 못하던 '구조조정'이라는 용어가 사람들 사이에 회자되기 시작했다. 그러면서 퇴직자가 늘어나고 중산층으로 자부하던 사람들이 어느 사이 희망을 잃고 살아가는 사람들이 되었다. 어려운 시련을 겪고 우리 경제는 다시 정상을 찾기 시작했지만 그것은 IMF 구제금융을 받기 이전의 상황이 아니었다. 완전히 바뀐 세상이 되었다. 이때부터 직장을 잃어버렸던 퇴직자들이 다시 일터로 돌아간다는 것은 하늘에서 별 따는 것만큼 어려운 일이 되었다. 퇴직할 때 받은 돈으로 사업을 시작하는 사람도 있었지만 성공한 경우는 드물었다. 그들이 하는 사업이라는 것이 대부분 음식점이나 PC방 등 대개 비슷비슷해서 결과적으로 경쟁만 심화시키고 조금 있는 자산마저 탕진하는 경우가 많았다.

이렇듯 누구도 예측하지 못한 시대의 변화가 가파르게 진행되고 있다. 이런 현상은 IMF 경제위기가 아니었더라도 지식·정보화 사회가 진행되면서 이미 예견된 일이다. 지금까지 단계적 변화를 경험하고 적응하면서 살아온 사람들에게 인터넷으로 대변되는 디지털 사회는 일시에 세상을 바꾸어 버렸다. 기존 방식에 익숙한 사람들에게 낯선 이방인이 와서 주인 행세하는 꼴이 되어 버렸다. 갑자기 모든 것이 바뀌어 버렸다. 정보화 사회는 의사결정 구조를 단순화시키고 제품수명 주기도 빨라졌다. 그러다 보니 이 변화를 따라가지 못하는 사람들이 일터에서 밀려나기 시작했다. 인터넷이 생활의 일부가 되면서 컴퓨터에 익숙하지 못한 장년층들이 먼저 낙오되기 시작했다. 이런 변화가 일고 있는 시점에서 IMF 경제위기가 내습한 것이다.

IMF 경제위기는 시대변화의 흐름을 가속화시키는 동인으로 작용했다. 구조조정이란 괴물을 만들어 냈다. 능력보다는 나이를 기준으로 퇴직시키는 이상한 인력구조조정이 행해졌다. 갑자기 당한 일이라 능력을 선별해서 내보내기보다는 연령순에 따라 강제 퇴직시켰다. 일정 인원수를 정해 놓고 거기에 맞추어 내보내는 경우도 있었다. 이러다 보니 능력 있는 자도 옷을 벗는 경우가 많았다. 능력보다는 나이를 기준으로 하다 보니 나이 많은 것이 짐이 되고 말았다. 나이는 단순한 숫자가 아니라 퇴직 기준으로 작용했다. 구조조정이라는 것이 나이 좀 많다고 해서 일터에서 내쫓는 격이 되고 말았다.

이후 나이 든 사람들을 물러나게 하는 것이 변화이고 개혁인 양 사회 곳곳에 물갈이 현상이 나타났다. 이 같은 현상은 정치·경제·교육·문화 사회 전 분야에서 나타났다. 정치판 물갈이라는 것이 능력을 불문하고 젊은이들이 전면에 나서는 것이 개혁인 양 비쳐지기도 했다. 이른바 386세대들의 등장이다. 기업도 마찬가지이다. 장년층들은 오랫동안 현장 경험에서 축적된 지식이 있음에도 불구하고 도도한 시대 흐름에 밀려 자기주장 한번 제대로 펴지도 못하고 물러서고 있다. 그동안 경제발전을 위하여 불철주야 고생하던 주역들이 이렇게 힘없이 물러나고 말았다. 정말 이런 현상이 바람직한 것인가? 수명이 연장되면서 노인인구는 늘어나고 출산율은 계속 줄어드는 상황에서 나이 많다고 무조건 일터에서 쫓아내는 것이 바람직한지 다시 생각해 볼 문제이다.

IMF 경제위기를 겪고 10년이란 세월이 흘렀다. 우리 사회에는 제2의 인생(second life), 제2의 직업이라는 말이 회자되고 있다. 퇴직 후에 전에 받던 대우는 잊어버리고 새로운 일을 잡는 것을 말한다. 실제 퇴직한 인력 중에서 새로운 일을 찾아 제2의 인생을 구가하는 사람들이 많아지고 있다. 국내에 일자리가 없으면 해외에서 일자리를 찾고 있다. 개발 시대의 인력들은 경험이 축적된 기술과 노하우가 많다. 이들은 대부분 단순히 나이가 많다는 이유로 또는 구조조정의 대상으로, 후진양성을 위해 갖가지 명분으로 직장을 떠난 사람들이다. 해외로 나가는 사람들은 주로 개도국의 경제개발에 필요한 사람들인 현장 기술자들이지만 그 밖의 분야도 늘어나고 있다. 개도국에서는 이들을 환영하고 있다. 그들의 기술능력과 노하우를 알기 때문이다. 이들은 현장 기술 감독으로 또는 고위직으로 가거나 고문으로 근무하는 경우도 있다.

국내에서도 퇴직자들에게 일자리가 생겨나고 있다. 젊은이들이 기피하는 업종에서 이런 사람들을 고용하고 있다. 50~60대 인력들은 3D업종도 마다하지 않는다. 그러다 보니 이들에게 일자리가 돌아오는 것이다. 이제 이들은 할 일 없이 바쁜 '하버드대생'이 아니라 예순이 넘어서 일하는 '예일대생'이 되었다.

그러다가 2008년 9월 다시 미국 금융위기로 유발된 세계 경제위기가 내습했다. 그동안 잘 버티던 사람들까지 일자리를 잃게 되었다. 이들만이 아니다. 경제가 좀 나아질 것이라는 기대가 무너지면서 젊은이들이 직장 잡기가 더욱 어려워졌다. 경제 발전 과정에서 세계 경제성장률의 배 이상 높은 고속성장을 하던 대한민국이 세계 평균성장률을 밑도는 기간이 10년이나 되었다. 그러다 보니 일자리는 더욱 줄어들었다. 이런 상황에서 다시 2008년 미국발 금융위기로 경제는 더욱 어려워졌다.

이런 상황에서 퇴직자들에게 일자리가 생길 리 없다. 그래서 이들은 하루하루가 불안하다. 급여와 대우는 낮아도 일을 할 수 있다면 마다 않지만 일자리 찾기가 쉽지 않다. 오랫동안 그들이 체득한 일을 찾는 것이 바람직하나 어디에 꼭꼭 숨었는지 찾아지지 않는다. 취업 정보 얻기도 힘들다. 어쩌다 정보라도 접하고 보면 이미 사람을 구했거나 기한이 지난 것이 대부분이다. 이렇듯 현실은 답답하다.

오늘 우리 사회는 현재 직장에 다니는 사람도, 퇴직한 사람도, 아직 직장을 잡지 못한 청년들도 모두 불안하다. 현재 직장에 다니고 있는 사람도 언제 직장을 잃을지 몰라서 근무시간 외에 또 다른 직업에 종사하는 이중 직업(double job) 인생이 늘어나고 있다. 이런 사람이 많을수록 직장에 대한 충성도는 그만큼 엷어지고 생산성 또한 떨어질 것이다. 상황이 어려울수록 자기 직무에 열심히 하여야 하는데 그렇게 할 수 없는 상황이다. 오히려 여기저기 기웃거리다가 잘 다니던 직장도 잃어버릴 수 있다. 이런 사람들은 빈대 잡으려다 초가삼간마저 태우는 것은 아닐는지 걱정스럽다.

갑자기 많아진 시간 어떻게 활용할 것인가?

    퇴직을 하면 갑자기 많아진 시간에 어쩔 줄 몰라 한다. 물론 퇴직 직후에는 그동안 만나지 못했던 사람들을 만나고 하지 못했던 것들을 정리하느라고 바쁘게 보내지만 짧은 이 기간이 지나면 시간은 넘치는데 할 일이 없다. 지금까지 이들은 자기 직업에 충실한 나머지 자기 시간 관리를 제대로 한 적이 없어 갑자기 많은 시간에 어쩔 줄 몰라 한다. 실제 50대 이상의 사람들에게 직무윤리는 한 직장에서 오랫동안 근무하는 것이었다. 한 우물을 파는 것이 바람직한 직장인의 윤리처럼 인식되었다. 그래서 직장 일에 충실했다. 그런 사람들에게 미래를 준비한다는 것은 어려운 상황이었다. 미래를 제대로 준비하지 못한 상태에서 어느 날 갑자기 일터에서 떠밀려 내려왔다. 이렇게 되고 나서야 왜 이렇게 살아왔는지 후회가 가슴속 깊이 저며 온다. 뒤늦게 그들은 인생을 헛살았구나 하는 회한을 떨치지 못한다. 준비 없이 떠밀려 난 사람들에게 갑자기 많아진 시간은 그들의 삶을 더욱 어렵게 한다. 직장을 다닐 때에는 바빠서 짬을 내고 싶어도 낼 수 없던 시간들이 이제는 주체하지 못할 정도로 넘쳐나고 있다.

대부분 50대 이상의 사람들은 취미 하나 제대로 가지지 못한 경우가 많다. 자기 시간까지 회사에 바치다 보니 가족과의 생활은 물론 취미조차 개발할 여유가 없었다. 항상 뒤에서 누가 쫓아오는 것처럼 쫓기는 인생을 산 사람들이라 취미생활 자체가 거추장스러웠다. 시간이 나면 기껏해야 직장 동료나 친구들과 어울리는 것이 고작이었다. 여유 있는 사람들은 골프나 헬스클럽에 가서 운동이라도 하지만 대부분의 사람들은 그렇지 못했다. 이런 사람들에게 갑자기 닥친 퇴직은 절망감 그 자체이다. 직장 다닐 때 항상 쫓기듯 생활을 해 왔기 때문에 혼자 보내는 시간에 익숙하지 않다. 혼자 있으면 오히려 불안하다.

그래도 퇴직 직후에는 그동안 고생했으니 좀 쉬어야지 스스로 위로도 하고 실제 편안함도 느낀다. 또한 희망을 갖고 직장을 알아보기도 하고 사업도 구상해 본다. 직장을 찾아보려고 친구와 지인도 만나고 구인광고도 찾아본다. 그러나 이것도 시간이 지나면서 실패에 실패를 거듭하다 보면 스스로 포기하고 만다. 친구들 만나기를 기피하게 되고 자기 자신의 무능함에 자학만 늘어 간다. 그러다 보니 여유 시간은 더욱 많아진다. 시간이 흐르면서 행동 자체가 나태해지면서 게을러지고 무력감에 빠지게 된다. 그러나 이럴 때가 중요하다. 이런 상황일수록 이를 극복하려는 의지가 중요하다. 인고의 세월을 거치지 않고 성공한 사람이 많지 않다는 것을 다시금 새겨야 한다. 이런 상황에서는 책을 읽거나 앉아서 하는 일은 손에 잡히지 않는다. 잡념만 많아져서 더욱 힘들게 한다. 등산이나 가벼운 운동 등 계속 움직이는 일을 만들어 건강이라도 다져야 한다.

지쳐서 힘이 빠지는 순간에도 포기해서는 안 된다. 포기하는 순간 앞으로 펼쳐지는 것은 좌절뿐이다. 때문에 자꾸 자기를 자극하면서 스스로 일을 만들어야 한다. 당장 돈은 벌지 못하고 쓰는 경우라도 무엇인가 일을 벌려야 한다. 무조건 하루의 계획을 짜서 실천해 보는 것도 한 방법이다. 아무리 사소한 것이라도 실행하는 것이 중요하다. 실행보다 중요한 것은 없다. 어려울수록 초심으로 돌아가라는 말이 있다. 어린 시절 꿈을 회상하는 것도 한 방법이다. 어린 시절 학교 다닐 때 했던 하루 일과표를 다시 짜 보는 것도 좋은 방법이다. 한 번 시도하고 또 시도하면 할 일이 만들어질 것이다.

아무리 머리를 싸매고 고민해도 일거리가 떠오르지 않으면 혼자 산책을 하든가 거리라도 거닐어 보자. 이것도 하기 싫으면 주제를 정해서 역사탐방이라도 좋다. 박물관 순례를 하면

역사의 숨결을 느낄 수 있다. 고궁에 가서 지난 일들을 회상하면서 내일을 설계하는 것도 의미 있는 하루 일과가 될 수 있다. 이제부터라도 지금까지 가져 보지 못한 취미를 개발하거나 그동안 하고 싶었지만 하지 못했던 일들을 찾아 해 보자. 봉사단체라도 찾아서 그동안 축적했던 자신의 지식이나 인생 경험을 살려 보자.

자기 혼자서 고민하지 말고 우선 외부 사람들과 꾸준히 소통하고 만나야 한다. 그러면 정보도 들을 수 있고 변화의 흐름도 파악할 수 있다. 망설이지 말고 우선 시작하는 것이 중요하다. 생각만 하고 행동하지 않으면 아무 의미가 없다. 그러면 시간 때문에 생긴 고민은 많이 줄어들 것이다. 주변을 둘러보면 퇴직 후에 실제 더 바빠진 사람들도 많다. 그동안 직장에 얽매여 사느라고 하지 못한 일, 만나고 싶었던 사람들 그리고 가보고 싶었던 곳, 이런 것을 하느라고 정말 바쁘게 보내는 사람도 있다. 돈이 있어서 그렇게 할 수 있는 것이 아니다. 돈이 없어도 시간을 알차게 보내는 노하우를 개발하면 할 수 있다.

퇴직 후의 생활변화

퇴직자들이 대부분 경험한 일이지만 퇴직 후 몇 달은 직장에 다닐 때보다 더 바쁘다. 퇴직 직후에는 그동안 직장에서 만났던 사람들에게 인사를 드리느라 바쁘다. 그래도 인터넷이 이러한 노력을 많이 덜어 준다. e-mail로 퇴직인사를 올릴 수 있기 때문이다. 직장생활에서 만났던 분들에게 누가 되지 않으려고 노력하면서 감사의 마음을 전하기 위하여 만나다 보니 바쁜 나날을 보내게 된다. 또한 그동안 회사일이 바쁘다는 핑계로 여러 모임에 참석하지 못했던 곳에 나가기 시작한다. 고향 친구들의 모임, 학교 동창회 모임, 각종 사교 모임 등에 열심히 나간다. 책도 손에 잡히는 대로 읽는다. 가벼운 수필집은 물론 단편소설이나 전집류 등 가까이 있는 책부터 읽는다. 물론 전문서적도 읽는다. 여행도 다닌다. 모임이 있으면 빠지지 않고 참석한다. 그러다 보니 그들과 어울려서 제법 많이 다니게 된다. 퇴직 이후 사람이 많이 모이는 곳을 회피하면 안 된다. 오히려 적극적으로 참석해야 한다.

그러나 이런 일도 시간이 지나면서 줄어든다. 퇴직 직후에는 인사하는 일이 많은 비중을 차지하지만 이 일은 일과성이다. 이 일이 끝나면 바쁘게 지낼 일들은 많지 않다. 또한 여기저기 모임에 참석하는 것도 시간이 지나면서 열기가 시들해진다. 모임에 나가면서 느끼는 것이 전과 같지 않기 때문이다. 또한 자기가 지금 하는 일이 과연 생산적인가 하는 우문에 빠지면서 스스로 우울해지는 경우가 많아진다. 책 읽기도 시들해진다. 책도 오랜만에 읽어야 재미가 있지 할 일 없어서 책을 접하게 되면 마음으로부터 와 닿지 않는다. 이런 상황에서 책이 제대로 읽힐 리 없다. 이렇게 되면 책도 읽기가 싫어진다.

여행도 마찬가지이다. 퇴직 후에는 그동안 직장생활 하면서가 보지 못한 곳도 가고 싶어 여기저기 돌아다닌다. 또한 이 친구 저 친구가 불러서 따라가는 여행도 많다. 그러나 남이 만든 일정에 따라가는 여행에는 한계가 있다. 그렇다고 자기가 계획하여 떠나는 여행도 한두 번이지 자주 하기 어렵다. 또한 여행은 경비를 수반한다. 퇴직 기간이 길고 소득원이 없는 상황에서 여행은 사치품처럼 느껴진다. 이렇게 하다 보면 여행

또한 멀어지게 마련이다.

　물론 이 기간 중에도 직장을 잡거나 개인적으로 할 일을 찾아보지만 쉽지 않다. 50세가 넘은 사람들이 취업이나 자기 사업을 하는 것은 정말 어렵다. 이런 시간이 길어지면 스스로 포기하게 된다. 물론 그 과정에 이르기까지 자신을 채찍하고 마음을 다시 한 번 새롭게 잡아 보지만 쉽지 않다. 노력을 해도 성과가 나타나지 않으면서 심신이 지치게 된다. 이런 상황에서는 가족이나 주변에 있는 사람들이 칠전팔기의 도전정신을 가질 수 있는 계기를 마련해 주는 것이 중요하다. 다시금 새로운 마음으로 준비하도록 자신감을 갖도록 도와주는 지혜가 요구된다. 직장도 잡기 어렵고 사업을 시작하기도 쉽지 않은 상황에서 하여야 할 일은 무엇인가?

　궁하면 통한다는 말이 있지 않은가? 어느 하나에 몰두하다 보면 길이 보인다는 뜻일 것이다. 처음에는 대상이 확연히 들어오지 않는다. 그래도 생각하고 생각하면 무엇인가 깨달음이 있게 된다. 새로운 시야가 보이는 것이다. 그런 일이 생길 때까지 자기를 다스리는 노력이 필요하다. 가까운 사람들이 도와주면 좋은 일이지만 자기 문제는 자기가 해결할 수밖에 없다.

　어려울 때 대화를 나눌 수 있는 친구가 있어야 한다. 마음을 터놓고 이야기할 수 있는 친구가 있어야 한다. 그러나 우정이란 하루아침에 만들어지지 않는다. 오랜 기간 사귀고 난 후에 만들어진다. 많은 시간을 투자하지 않아도 마음으로 당기는 사람이 있다. 그런 사람은 진정한 친구가 될 수 있다. 서로를 이해하고 받아 주는 자세가 있으면 가능하다. 그러나 사회에서 만난 우정은 대부분 오래가지 못한다. 직무를 통하여 만난 사람은 마음을 터놓고 얘기하기가 쉽지 않기 때문이다. 이렇듯 우정에도 다양한 유형이 있다. 부와 권력, 사회적 지위에 바탕을 둔 권력은 사회적 지위를 갖고 있는 동안에만 지속된다.

진정한 우정은 서로가 하나로 이어져 있다는 강한 느낌을 갖게 될 때 만들어진다. 그래야 진실한 의사소통이 이루어진다. 이런 친구는 어느 날 갑자기 만들어지지 않는다. 평상시에 만들어 놓아야 한다. 따라서 아무리 바쁘더라도 재직 중에 시간을 내서 친구들을 만나야 한다. 자주 모임에 못 나가더라도 성의는 보여야 한다. 그러면 친구들도 바빠서 참석하지 못하는 것을 이해해 준다. 바쁘다고 모임이나 어려운 일에 나가지 않다가 실직 후에 나가려면 쑥스럽고 미안하다. 퇴직 후 열심히 나가 보아도 친구들은 진정으로 그를 받아 주지 않는다.

사람에 따라서는 천성이 낙천적인 사람이 있다. 그들에게 누가 요즘 무엇하고 보내느냐고 물어보면 '하버드'대에 다닌다고 자신만만하게 대답한다. 이런 사람이라고 해서 자기 고민과 갈등이 없겠는가? 스스로 즐겁게 살려고 노력한 결과가 그렇게 된 것이다. 어느 모임에서 한 분이 자기는 퇴직 후 일련의 스케줄이 준비되어 있어서 걱정을 안 한다고 하면서 '하버드'대를 끝내게 되면 '동경'으로 공부하러 가고(동네 경로당에 나가고) 그것이 끝나면 하와이로 여행(하루 종일 와이프와 같이 있는 것) 간다고 너스레를 떤다. 이렇게 할 수 있는 것은 한시적이다. '하버드'대를 졸업하기 전에 '예일'대(예전처럼 일하러 대문을 나서는)에 진학하여야 한다. 그러려면 열심히 노력해야 한다. 이런 자세로 생활하다 보면 어느덧 퇴직 후 당혹감에서 벗어나 서서히 자기 일상으로 돌아오게 된다.

실직 기간에 따라 달라지는 자신의 모습

　많은 분들의 얘기를 들어 보면 실직 상태가 길어지면서 심리상태도 달라진다고 한다. 우선 용기가 없어진다. 도전의식이 없어진다. 하루의 일상생활만 보더라도 아침에 상쾌했던 기분이 시간이 지나면서 우울해진다. 식구들이 나간 뒤 홀로 집에 남게 되면 집 안이 조용해서 생각 좀 할 것 같은데 그렇지가 않다. 홀로 있는 것이 사색의 시간이 아니라 고통의 시간이다. 이렇듯 감정의 기복이 심하다. 그래도 무엇인가 할 방법을 찾느라 이 생각 저 생각 하다 보면 점심시간이 가까이 온다. 시간만 흐르지 딱 부러지게 잡히는 것이 없다. 집 안 청소를 한다고 이곳저곳 쓸고 닦아 본다. 그런대로 마음이 가라앉는다.

집 청소를 하고 나면 또 할 일이 없다. 다시 책을 잡는다. 이곳 저곳 읽어 보지만 무슨 내용인지 정리가 안 된다.

지금 이 시간부터 할 일을 계획하자고 다짐한다. 생각해 보아도 할 일이 많지 않다. 돈을 벌지 않아도 절약하면 먹고살 수 있는 연금이 나오거나 임대료 수입이라도 있으면 자원봉사라도 할 수 있겠지만 그렇지도 못한 형편이다. 부족한 어학공부나 컴퓨터 공부라도 할까? 그것도 혼자 하기에는 생각보다 여의치 않다. 구청이나 동사무소에서 시행하는 교육을 받으려 해도 쉽지 않다. 거기도 만원이다. 좀 여유가 있으면 학원이라도 등록하는 것이 좋다. 공부하는 젊은이들을 보면 의욕도 느껴지고 젊은이들을 보면서 미래를 읽을 수 있기 때문이다. 그러나 마음뿐이지 행동이 쉽지 않다. 간신히 마음잡고 실행하려면 또 망설여진다. 이런 때에는 먼저 일을 저질러야 한다. 용기 없이는 아무 행동도 할 수 없다.

계절의 변화도 심리상태에 큰 영향을 미친다. 대체적으로 봄철을 앞두고 퇴직하는 경향이 많다. 주주총회나 정기 인사가 있기 때문이다. 봄철에는 무엇이든지 하려는 의욕이 생긴다. 만물이 생동하는 계절이기 때문이다. 봄의 새싹처럼 희망이 움틀 때 무엇이라도 시작해야 한다. 봄철의 퇴직은 다른 의미에서의 기회를 주는 것이다. 만물이 생동하는 계절로 희망을 불러일으키기 때문이다. 희망이 있을 때 쉬는 것은 유보하고 일을 벌려야 한다. 그러나 갓 퇴직한 경우에는 자유를 갖고 싶어진다. 오랫동안 직장에 매여 살았기 때문이다. 이 유혹을 이겨내야 한다. 시간이 지나면 이런 용기도 서서히 사라지기 때문이다.

쉴 경우에는 건강을 체크하는 기간으로 활용하는 것이 바람직하다. 직장은 긴장의 연속이기 때문에 몸이 아파도 이를 이겨내는 정신력이 생긴다. 그 과정에서 질병은 누적되게 된다. 퇴직 후에 몸이 아픈 사람은 대부분 재직 중에 생긴 병이다. 직장이라는 긴장의 틀 속에서 살았기 때문에 몸에서 아프다는 신호를 보내도 제대로 느끼지 못한 것이다. 느낌이 오더라도 직장에 다녀야 했기 때문에 아픔을 참고 다닌 것이다. 이런 사람은 퇴직 후에 병을 곧바로 잡아야 한다. 그렇지 않으면 자칫 실기할 수 있다. 여행의 경우에는 퇴직하자마자 다녀오는 것이 좋다. 미루다 보면 여행은 여행대로 못 하고 일도 제대로 진행되는 것이 없다. 아까운 시간만 축낼 뿐이다.

여름에는 일자리에 대하여 그렇게 심각하게 생각하지 않는다. 더위로 생산성이 낮아지는 계절임과 동시에 휴가철이기 때문이다. 이 계절은 분위기가 흐려진다. 휴가철이 되면 일하는 사람들도 휴식을 취하거나 놀러 가는 생각을 한다. 여름은 낮 시간이 길다. 일도 많이 할 수 있다. 그래서 여름은 다른 계절과 달리 긴 계절처럼 느껴진다. 그러나 이런 계절도 실직자에게는 금방 흘러간다. 남들이 쉬는 시간을 실직자는 오히려 적극적으로 활용해야 한다. 여름은 사람들에게 도전과 용기를 갖게 한다. 불가능한 것도 도전할 수 있다. 때문에 이 계절에 무엇인가 해야 한다. 아무것도 못 한 채 가을을 맞게 되면 불안해진다.

가을에는 낮이 짧아진다. 일이 있어도 밖에 나가 한두 가지 일을 하고 나면 저녁이 된다. 밤이 찾아오면 다른 일 하기가 쉽지 않다. 그만큼 하루 일 할 시간이 짧아진다. 산천초목들도 변한다. 나무에 단풍이 들기 시작하면 잔디는 이미 녹색 기운을 잃어버린다. 생동하는 힘을 잃어버리고 누런빛이 돈다. 가을은 이렇게 힘을 빼는 계절이다. 용기를 갖고 찾아도 일자리 찾기가 쉽지 않은데 기운까지 빠진 상태에서 일자리 찾기란 더욱 힘들다. 이러다가 겨울이 오면 의욕도 동면기에 접어든다. 말이 동면기이지 포기 상황이다. 그래도 희망을 갖고 있는 사람은 새해를 준비하는 시간으로 활용할 수 있는 기간이기도 하다.

실직 기간이 길어지면서 집안 분위기 변화도 뚜렷하다. 퇴직 직후에는 모두가 위로하고 그동안 고생했으니 좀 쉬어야 하지 않느냐고 위로한다. 가능하면 불안감을 주지 않으려고 노력한다. 그러나 한두 달 지나면서 당사자를 제쳐 두고 걱정하기 시작한다. 애들도 아버지 눈치를 본다. 불안해하는 분위기가 느껴지기 시작한다. 몇 달이 지나면 친척들까지 걱정을 한다. "이러다가 일자리도 못 잡는 것 아닌가? 취직만 하려 하지 말고 사업이라도 구상하면 좋을 텐데? 사업할 돈은 어느 정도 있는지 모르겠네? 사업한다고 얼마 되지 않은 돈마저 날려 버릴지도 모르니 주의해서 시작해야지. 그동안 고생을 안 해 봐서 세상이 얼마나 힘든 것인지를 모르지? 애 엄마라도 무엇을 해야지? 그냥 이렇게 시간을 보내서 되겠어?"

이렇듯 당사자나 가족보다 제3자들이 무수한 말들을 주고받는다.

그러다가 실직 기간이 길어져서 2～3년이 지나면 본인은 물론 주변 사람들도 포기상태에 이른다. "이제는 나이가 있어서 더 이상 직장 잡기는 힘들어. 사업하다가 자칫 있는 돈마저 날릴 수 있으니 그냥 지내는 것이 좋을 거야." 그러면서 대상이 실직자인 가장에서 부인과 가족들로 옮겨 간다. 부인도 "좀 더 절약을 해야지. 애들도 다 컸으니 제 용돈을 제가 벌어서 쓰도록 해야지?" 이럴 때마다 실직자인 가장은 스트레스가 가중된다. 그동안 다져 놓았던 건강도 이런 스트레스로 소진되게 된다.

주위에서 자기와 비슷한 연령의 사람들이 직장을 다니거나 새로이 직장을 얻는 것을 보면 자기의 무능을 탓하게 된다. 자기를 자학하기 시작한다. 처음 한두 번 시도는 약간의 실망에 그치지만 이것이 자주 반복되거나 길어지면 좌절로 이어진다. 실망이 좌절로 바뀌면 모든 것을 잃을 수 있다. 누군가가 실망에도 변천과정이 있다고 했다. 실망을 스스로 관리하지 않으면 의욕상실에 이르게 된다. 그러다가 좌절하고 절망의 나락으로 접어든다.

이럴 때일수록 자기를 다스려야 한다. 이렇게 되지 않도록 스스로 자기를 관리하고 위기를 극복하는 지혜가 필요하다. 지혜는 삶에서 배우는 것이다.

현재의 처지에 굴복할 것인가, 극복할 것인가?

　퇴직하면 게을러진다. 밤에 잠자리에 들어도 이 생각 저 생각 때문에 쉽게 잠이 오지 않는다. 아침에 평상시처럼 잠에서 깨어나도 머리가 무거워 쉽게 일어나지 못한다. 그러다가 잠깐 잠이 들면 어느 사이 해가 동천에 뜨고 집 안은 고요하다. 식구들 모두 저마다 자기 일 보러 집을 나간 것이다. 집에는 자기만 홀로 남아 있다. 갑자기 허탈하고 외로워진다. 그렇다고 특별히 할 일도 없다. 그저 막막하기만 하다. 참으로 쓸쓸하고 고독해진다. 자기 합리화를 위해서 고독의 미학을 상상해 본다. 그러나 이것도 오래가지 못한다. 답답하기 때문이다. 도전의 자세를 가다듬어 보지만 마음뿐이다. 용기가 따라 주지 않는다.

실업자일수록 더 부지런하여야지 하면서도 행동이 따라 주지 않는다.

이런 생각과 행태가 반복되면서 성격 자체가 소극적으로 바뀌게 된다. 심지어 밖에 나가 사람을 만나 정보를 수집하고 일을 찾아보는 것을 포기하고 싶은 경향까지 나타난다. 이 정도가 되면 외향적 성격의 소유자도 '방콕'을 즐기면서 내향적이된다. 자학은 심해지고 가족에 대한 죄책감과 자신에 대한 열등감이 증폭된다. 이런 태도가 다시 용기를 잃어버리게 하는요인으로 작용한다. 이제는 무엇을 하려 해도 의욕이 생기지않는다. 어떻게 무엇을 해야 할지 생각이 안 난다. 신세한탄만한다. 그리고 모든 것을 자기 책임보다는 사회적 책임으로 국가의 책임으로 돌린다.

이런 상황일수록 적극적으로 극복하려는 생각과 자세가 중요하다. 우선 자신의 나약한 상황을 극복하려는 노력이 있어야한다. 이는 무엇보다 계획적인 생활을 해야 한다. 또한 적극적인 사고와 행동을 해야 한다. 그러려면 마음가짐을 바꿔야 한다. 그리고 행동에 나서야 한다. 예를 들면 직장에 다니던 때와똑같이 일어나라. 먼저 책상에 앉아 그날 할 일을 계획하라. 할일이 없으면 명상이라도 해라. 아니면 밖에 나가 땀을 흘릴 정도로 운동을 해라. 그리고 샤워를 하면 정신이 맑아지고 무엇인가 의욕이 생길 것이다. 그럼에도 불구하고 할 일이 없으면거리로 나가라. 무작정 걸어라. 그러다 싫증이 나면 거리의 간

판도 읽어 보고 그것도 싫증이 나면 재래시장에 가 보라.

시장에는 수많은 사람들이 붐비고 모두가 열심히 살고 있다. 경제가 어렵다고 하더라도 여기에서는 생동감이 넘친다. 시장에서는 질박한 삶의 모습을 볼 수 있다. 거기에서 힌트를 찾아라. 그리고 자기를 반성하라. 왜 이렇게 시간을 낭비하고 있는지를 다시 한 번 생각하라. 생각만 해서는 안 된다. 행동하여야 한다. 생각은 누구나 할 수 있다. 그러나 행동하기는 쉽지 않다. 행동을 하느냐 않느냐에 따라 세상이 바뀔 수 있다. 당장 직업은 잡히지 않을지 몰라도 도전하자. 도전하는 용기라도 가져 보자. 한 가지라도 머리를 쓰고 매달리면 기회는 올 수 있다. 온 기회도 하찮게 생각하면 그 기회마저 잃게 된다. 시작하자. 그러나 신중하게 도전하자. 마음의 여유부터 가져 보자.

반복되는 좌절과 희망

사람은 하루에도 몇 번씩 좌절과 희망 속에 산다. 실직자들은 더하다. 아침에 희망적으로 생각했던 일이 몇 시간 뒤에 실망으로 바뀌는 경우도 비일비재하다. 많은 사람들은 대체로 잠자리 들 때 지난 일을 생각한다. 오늘 하루 무의미한 시간을 보내지 않았는지 되새겨 본다. 아침에 일어나면 오늘 할 일을 생각해 본다. 아무 할 일이 없을 것 같아도 생각하면 할 일이 있다. 생각이 잘 안 나면 산책을 나가 걸어 보면 무엇인가 떠오른다. 아무 생각 없이 걷다가 자기도 모르게 상념에 젖게 되고 그러다가 불현듯 할 일이 생각나는 경우가 많다. 아침에 일어나 가벼운 운동을 하는 것도 하루를 즐겁게 만든다.

복잡한 생각을 정리하는 좋은 방법이 걷는 것이다. 산책과정에서 그동안 막연하게 생각했던 일들이 구체적으로 그려지기도 한다. 또한 고민했던 일들에 대한 아이디어가 떠오르기도 한다. 방법론을 구상하고 그러는 과정에서 희망이 생긴다. 집에 도착한 순간에 오늘 할 일을 다시 정리한다. 물론 용기부족으로 망설여지는 일도 있다. 또한 일을 추진하려는 순간에 포기하는 경우도 있다. 어렵게 용기를 내어 시도하다가 처음부터 막히는 경우도 있다. 계속하여 시도해 보지만 제대로 일이 풀리지 않아 지쳐 버리는 경우도 있다. 취업을 위한 노력이 그렇다. 더구나 막판까지 갔다가 안 된 경우에는 실망을 넘어 좌절에 이른다. 그러나 안 된 것에 매달릴 필요는 없다. 그래도 이유는 생각해 본다. 원인을 알아야 대안을 강구할 수 있기 때문이다. 좌절할수록 스스로 자신에 대하여 용기를 북돋우려고 노력하는 자세가 중요하다. 자신과 대화를 나누는 것이다. 그러다 보면 실망했던 일들이 다시 도전하려는 용기로 바뀐다. 망설이고 두려워도 마음먹은 대로 시도한다. 행동으로 옮기지 않는 생각은 쓸모없기 때문이다.

사람에 따라서는 남는 시간이 있으면 불안하다. 이런 사람은 무엇인가를 해야 한다. 집에 있더라도 일을 벌여야 한다. 읽었던 자료를 정리하는 일도 시간 보내기에는 좋은 일이다. 컴퓨터가 큰 도움이 된다. 생각나는 대로 적어서 저장해 놓고 마음이 가라앉을 때 정리하면 된다. 이런 자료는 언제든지 자기가 활용할 수 있다. TV를 통하여 공부하는 것도 괜찮다. 영어나 일본어, 중국어 방송을 들으려고 노력한다. 언어는 쓰지 않으면 잊어버리기 때문이다. 이것도 지치면 드라마를 보아도 좋다. 이들의 대화에서 자신을 깨우쳐 주는 내용이 있을 수 있다.

월급쟁이들은 직장에 다닐 때 TV드라마를 별로 보지 못한다. 가끔 볼 경우에도 큰 흥미를 느끼지 못한다. 계속해서 보지 않아 지난 내용을 모르기 때문이다. 퇴직하고 집에 있는 시간이 많아지면서부터 드라마를 보게 된다. 바보상자라고 생각했던 TV가 바보상자가 아니다. 거기에 정보도 있고 인생의 이야기가 있다. 그러다 보니 보는 재미가 쏠쏠하다. 연속극을 보다 보면 어느 때는 다음 회가 기다려지기까지 한다. 그런 모습이 우습다. 드라마를 보면서 그들의 대화를 음미하고 거기에서 의미를 캐거나 자신과 동일시하려는 자신의 자세를 본다. 어려움을 극복하는 과정에서 자신의 현실과 또 지난날 자신의 과거를 연상하기도 한다. 그러면서 다짐한다. 고생 없는 성공, 진통 없는 성숙, 고통 없는 환희가 인생사에서 얼마나 되겠는가? 성공한 사람들의 뒤안길에는 대부분 그러한 인고의 흔적들이 있다. 그 궤적 위에 오늘의 그들이 있는 것이다. 과거의 것들이 그들에게 성공의 디딤돌이 된 것이다.

지금 자신이 겪는 이 과정은 다음을 위한 준비과정이라고 다짐한다. 그것이 무엇이 되건 그때를 위하여 지금 고민하고 있는 것이다. 이런 자세를 갖게 되면 주어진 상황을 오히려 기회로 활용하려고 생각하는 경향을 보인다. 그러다가 또다시 좌절을 겪는다. 하루하루를 기대 속에 살고 또 그렇게 되리라고 기대하지만 지나고 나면 그게 아님을 깨닫게 되기 때문이다. 그러면서도 자기최면을 또 건다. 그러다가 생각지도 않던 기회가 오기도 한다. 세상은 가끔 의외의 상황이 벌어지기도 한다. 자기 주변에 있던 사람들, 자기가 조금이라도 도움을 주었던 사람들보다 자기와 전혀 상관없이 보이는 사람들이 도움을 주는 경우가 나타난다. 실제 세상은 그런 것이라는 생각이 든다. 자기가 남에게 베푼 것은 그것으로 족하고 남에게 도움을 많이 준 사람은 우연찮은 기회에 자기와 별 관계가 없는 사람으로부터 도움을 받기도 하는 것이다.

노력과 성과는 일치하지 않는다

살다 보면 평탄한 길만 있는 것은 아니다. 무엇 하나 제대로 되는 일이 없는 때도 있다. 사업을 하려고 해도 막막하고 취직도 쉽지 않다. 앞이 제대로 보이지 않는다. 길은 있는 것 같은데 미로다. 그러다 보니 방향이 잡히지 않는다. 답답하다. 무엇 하나 되는 것이 없다. 자기 같은 사람이 적격이라고 생각하고 지원을 해도 취직이 되지 않는다. 노력한 만큼 이루어지는 것이 없다. 이제 지쳤다. 심신이 피로하다. 지금까지 희망을 갖고 자신을 독려하고 용기를 키워 왔는데도 희망이 보이지 않는다. 미래가 보이지 않는다. 모든 것이 어둡다. 무엇을 해도 신명이 나지 않는다. 하려고 해도 의욕이 나지 않는다. 의욕이 없으니 운동도 외출도 귀찮다. 이런 상황에 처할 때 굴복해서는 안 된다. 오히려 자기를 자극해야 한다. 누군가 "희망을 잃으면 모든 것을 잃어버린다."고 하지 않았는가?

이런 때일수록 무엇인가 돌파구를 찾아야 한다. 마음가짐과 자세에 문제가 있는 것은 아닐까? 이런 자세로 안 되는 곳을 계속 두드려 봐야 시간만 버리는 것이다. 과연 나는 자신의 눈높이를 얼마나 낮추었는가? 눈높이만 낮춘다고 직장이 잡히는 것도 아니다. 시간이 갈수록 내가 일할 기회는 적어진다. 우리 사회는 아직도 능력보다 나이를 기준으로 하기 때문이다.

지금 현재 방향감각을 잃고 있지만 어떻게라도 활로를 찾아내야 한다. 갈 길이 보이지 않으면 당분간 아무 생각도 하지 말자. 그냥 쉬자. 아무것도 보이지 않고 생각도 안 나는데 무엇인가 하려 하면 스트레스만 쌓인다. 그러다 보면 활력이 떨어지고 좌절에 몸을 저민다. 그래도 생각은 끊임없이 하되 매달리지는 말자. 매달려 봤자 되는 것도 없지 않은가? 이럴 때는 무조건 쉬자. 그러나 포기는 할 수 없다. 쉬다 보면 새로운 길이 보일지 모르기 때문이다. 이런 절망에서라도 희망의 끈은 놓지 말자. 캄캄한 터널에서 한 줌의 빛이라도 보이면 다시 힘을 내어 도전해 보자.

미래는 희망을 잃지 않고 꿈을 꾸고 이를 실행하려는 자의 것이다. 지금 이 고통은 변화를 일으키는 신호일지 모른다. 지금 고민은 어쩌면 더 큰 행운을 가져다주기 위한 진통인지 모른다. 인생은 기다림 속에서 저물어 간다고 하지만 희망을 갖고 도전한다면 그 기다림은 매우 가치 있는 것이 되기도 한다. 그러나 이 기다림은 희생과 긴 인내를 요구한다. 그렇다면 지금 좌절할 때가 아니다. 시간이 흐르면 반드시 기회가 올 것이다. 감정을 가라앉히고 차분하게 상황을 있는 그대로 받아들이자.

오늘의 시대에서 젊은이들도 직장을 잡지 못해 얼마나 많이 상처받고 좌절하고 있는가? 퇴직자들은 그들보다 그래도 낫지 않은가. 이렇게 위로하자. 갑자기 닥쳐올지도 모를 기회를 위하여 마음을 가다듬고 대비하자. 어학공부도 하고 책도 열심히 읽고 글쓰기도 하고 정보탐색도 게을리하지 말자. 교류할 수 있는 곳이 있으면 꾸준히 연락하자. 아직도 머뭇거리는 실패에 대한 두려움을 떨쳐 버리자. 실패를 성공의 디딤돌로 만들자. 실패를 하고 나서 반성을 하고 원인에 대해 진지하게 분석하고 미래의 궤도 설정에 활용하자. 목표를 하나 이상 설정하고 우선순위를 정하여 유연하게 대처하자. 그리고 행동으로 옮기는 계획을 만들자. 지금 자신의 처지에서 할 수 있는 것부터 실행에 옮겨 가자.

잃는 것이 있으면 얻는 것도 있다

어떤 의미에서 보면 세상은 공평하다. 어려운 상황에서도 희망을 발견할 수 있기 때문이다. 희망은 위기나 절망에서 나오는지도 모른다. 갑자기 퇴직을 맞은 사람들은 앞이 캄캄하고 앞으로 어떻게 살아갈지 막막해진다. 그러나 시간이 흐르고 현실을 직시하게 되면서 새로운 마음가짐을 하게 된다. 자신도 변하지만 가족의 생각과 행동이 변하기 시작한다. 자신이 퇴직의 아픔에 젖어 있을 때 그동안 가장에게 의존하던 가족들은 보다 적극적인 생각과 행동에 나선다. 자식들은 아버지의 퇴직을 보고 나서 아버지의 중요성 그리고 자기들을 위하여 얼마나 고생하셨는지를 새롭게 느낀다. 또한 스스로 씀씀이도 줄이고 자기 용돈은 자기 스스로 벌려고 한다. 학생이라면 열심히 공부하려고 마음을 다진다. 이렇듯 아버지는 직장을 잃었지만 한편 가정을 얻었다. 가정이라는 곳이 어떤 곳인가. 삶의 출발점이고 행복의 장소가 아닌가? 바로 그것을 찾은 것이다.

직장을 잃었다고 모든 것을 잃은 것처럼 실망하거나 좌절할 필요가 없다. 하나를 잃으면 얻는 것이 있기 때문이다. 눈에 보이는 것만이 얻는 것이 아니다. 새롭게 마음의 자세를 가지는 것도 중요한 얻음이다. 일 속에 파묻혀 살다가 오랜만에 갖게 된 시간 여유도 얻은 것이다. 자기가 걸어온 과정을 반추하면서 자기의 정체성을 확인하는 것은 앞으로 남은 인생에서 길잡이 역할을 할 수 있다. 직장이라는 조직의 틀 속에서 감추어졌던 약화된 자기의 건강을 점검할 수 있는 기회도 소중한 얻음이다. 가정에서 자식들과 대화할 시간이 없었는데 퇴직 후에 다시 애들과 시간을 같이하는 것도 중요한 얻음이다. 배우자는 두말할 것도 없다. 그동안 소원했던 친구들과의 만남도 얻음이다.

직장에 다닐 때는 주로 직장과 관련된 사람들을 만나게 된다. 그래서 옛 친구들을 제대로 만나지 못한다. 그러나 직장생활에서 만났던 사람들은 직장을 떠나게 되면 뜸해지게 마련이다. 그러다가 만남 자체가 끊어진다. 그것은 이익을 기초로 하여 만나고 어울린 직장의 특성 때문이다. 그러나 어릴 적 친구나 학교 동창들은 그동안 아무 연락이 없다가도 만나면 반갑고 즐겁다. 이런 친구들을 다시 만나게 해 준 것도 퇴직이 준 선물이다. 이렇듯 직장을 잃었다고 해서 모든 것을 다 잃는 것은 아니다. 오히려 얻는 것이 많을 수 있다.

그중에서 중요한 것이 강한 마음이다. 자신을 추스르는 마음가짐이다. 마음을 추스르는 데 그쳐서는 안 된다. 행동으로 실천해야 한다. 더욱 중요한 것은 적극적인 삶의 자세이다. 그러려면 무엇인가 일을 벌여야 한다. 제일 쉬운 것은 바쁜 직장생활 때문에 하지 못한 것들을 찾아서 하는 것이다. 물론 이런 것들을 하려면 비용이 수반된다. 비용을 최소화하면서 할 수 있는 것들을 찾아 우선 시작하면 된다. 소득도 없는데 쓰다 보면 남은 인생 어떻게 살까 하고 걱정하면 할 일이 아무것도 없다. 절약하면서 생활하다 보면 그런 돈은 어디서 생기게 마련이라고 낙천적인 마음가짐을 가져야 한다. 무엇이든지 투자하지 않고 얻을 수 있는 것은 아무것도 없다. 유명한 노벨상 경제학자인 밀턴 프리드먼은 이미 "공짜 점심은 없다." (There is no such thing as a free lunch)고 하지 않았는가? 돈이 없으면 시간과 발품이라도 투자해야 한다. 실제 이런 생각을 하고 무엇인가를 하다 보면 소득이 창출되기도 한다. 고민하지 말고 무조건 무엇인가 해 보는 자세가 중요하다. 잃는 것이 있으면 얻는 것도 있다는 믿음으로 하면 안 될 것이 없다.

실행과정에서 유념할 것이 있다. 과유불급(過猶不及)의 자세이다. 무엇이든지 정도가 지나치면 문제가 생기게 마련이다. 퇴직자들이 걱정하는 것은 남는 시간이다. 시간이 너무 남아서 어떻게 해야 할지 모른다. 그럴수록 시간계획을 잘 짜서 알차게 활용해야 한다. 주변을 살펴보면 시간을 보내는 방법은 많다.

건강도 그렇고 돈도 마찬가지이다. 건강하다고 아무 운동이나 하다가 그것이 도리어 건강을 해치는 경우도 있다. 과식하면 배탈 나는 경우와 같다. 실제 그런 사람을 주변에서 종종 본다. 돈 많아서 좋을 것 같이 보이지만 그들에게도 걱정이 있다. 행복은 돈으로만 되는 것이 아니다. 돈이 많은 사람 중에는 돈의 노예가 되는 사람도 있다. 형제간, 부모 간의 불화도 돈 때문에 생기는 경우가 있다. 이런 경우는 돈이 행복을 준 것이 아니라 화가 된 것이다. 모든 것이 부족해도 문제지만 지나치게 많아도 문제다.

주변에서 나눔과 베풂을 실천하는 사람을 종종 만나게 된다. 이런 선행은 실제 있는 사람들보다 어려운 사람들이 많이 하는 것 같다. 생활비와 용돈을 줄여 어렵게 저축하여 모은 돈을 대학이나 이웃을 위해 써 달라고 내놓는 사람을 보면 모두가 행복한 얼굴이다. 따라서 나눔과 베풂은 어떤 특별한 사람들이 하는 것이 아니다. 실제 평범한 사람들이 한다. 오히려 도움을 받아야 할 사람들이 하는 경우도 많다.

퇴직하고 시간이 있는 사람은 그 시간을 이런 나누고 베푸는 일에 쓰면 자기 성취의 기쁨도 느끼고 건강에도 도움이 된다. 이런 곳은 돈 버는 일터보다 상대적으로 쉽게 찾을 수 있다. 돈 벌 곳은 쉽게 나오지 않고 나오더라도 경쟁자가 너무 많다. 물론 이런 곳에도 도전해야 한다. 그러나 경쟁이 심한 곳에 응모했다가 떨어지면 상처만 더해진다. 이럴 때 마음을 달랠 수 있는 곳이 자원봉사다. 이런 일은 주위에서 쉽게 찾을 수 있다. 주변에서 찾지 못하면 종교기관에 가면 찾을 수 있다. 시간이 남으면 남을수록 시간의 노예가 되기 전에 시간을 알차게 쓰는 방법을 강구하는 것도 삶의 지혜이다.

선행은 즐거움을 준다

　자기의 처지가 아무리 어렵다고 해도 주변을 보면 자기보다 더 어려운 처지에 있는 사람들을 발견한다. 공원 벤치에서 만나는 삶에 지친 모습의 사람, 낮잠 자는 사람, 노숙자 등등……. 자기 앞날에 대한 불안으로 지난밤 자지 못한 사람도 자기보다 더 못한 사람들을 보면 지금까지 자기의 고민은 사치한 것이었다고 반성하게 된다. TV나 신문에서 역경을 극복하고 새로운 삶을 살아가는 성공 스토리를 보거나 그런 책을 읽다 보면 저런 어려움도 극복했는데 나는 이까짓 것 가지고 그렇게 고민하고 낙담하였구나 하는 미안한 마음이 생기기도 한다. 그러면서 새로운 각오와 다짐을 하고 자신을 채찍질하기도 한다.

　길을 걷다가 또는 지하철 입구에서 어려운 사람들을 만나게 된다. 많은 사람들이 무심코 지나가지만 간혹 동전 한두 개나 천 원 지폐를 놓고 가는 사람들을 보게 된다. 그 사람들의 외모를 보면 크게 여유가 있어서 그런 것 같지 않다. 그 사람의 마음가짐이 그들에게 다가간 것이다. 조그만 도움이라도 주려고 망설이다 그냥 지나치는 사람도 많다. 조그마한 자선도 용기가 필요하다.

일상에서 만난 사람들은 다양하다. 경제적 여유가 있는 사람도 있고 생활이 곤란할 정도로 궁핍한 사람도 있다. 그런데 생활이 어려운 사람이 더 여유를 느끼게 하는 경우도 있다. 열심히 무엇인가를 하려 해도 손에 잡히는 것이 없을 때는 마음이라도 편히 가져야 한다. 그래야 건강이라도 유지할 수 있다. 그러나 많은 사람들은 경제적 여유가 있어도 항상 쫓기는 사람처럼 생활한다. 도시생활, 경쟁사회가 그렇게 만든 것이다. 경제적 여유가 있는 사람인데도 돈 더 못 벌어 안달인 사람도 적지 않다. 이들에게는 돈 얘기가 취미인 것 같다. 이런 사람들은 대부분 인색하다. 반면 자기 자신에게는 인색하지만 꼭 필요한 사회적 일에는 후한 사람도 있다. 돈도 있고 쓰는 방법도 알고 있는 사람도 있다. 이런 것들을 보노라면 베푼다는 것은 꼭 경제적 여유가 있어서 하는 것이 아니다. 없어도 넉넉한 마음을 갖고 있는 사람이 베풀 줄도 안다.

재테크에 출중한 재주가 있는 사람들은 돈 버는 일에 열중한 나머지 마음의 여유가 없는 경우가 많다. 이들은 항상 무엇에 쫓기듯 살아간다. 경제적 여유가 있을수록 더욱 돈 벌기를 원한다. 이들은 돈은 있어도 마음의 여유가 없기 때문에 고독한 경우가 많다. 누구와 함께 자기 고민을 풀어 줄 상대가 많지 않다. 그래서 고민이 생기면 이들은 더욱 고독해진다. 남과 상의하고 위로받기를 원하지만 그럴 사람이 많지 않다. 상담을 받아도 만족하지 못한다. 그러다 보니 공연히 불안하다. 자기 스스로 만든 불안인데 남 때문이라고 생각한다. 그러다 인생 후반기에 오면서 지난 세월에 아쉬운 회한들을 쏟아내는 경우도 있다. 이런 상황에서도 이들은 돈에 대한 애착을 끊지 못한다. 이미 돈의 노예가 되어 버린 것이다.

사람은 사회적 동물이다. 자기가 이 세상에서 제일 못났고 능력이 없는지는 사람들을 만나 보면 안다. 마음을 비우고 바깥을 나가 보라. 세상이 다르게 보일 것이다. 이런 때 한번 자원봉사를 해 보는 것도 좋다. 누가 무엇이라고 해도 그동안 사회생활에서 배우고 체득한 것이 있다. 이런 것을 남을 위해 쓸 수 있다면 좋은 것이다. 자원봉사는 단순히 남을 위해 일하는 것만이 아니라 자기에게도 도움이 된다. 남을 위해 일한다는 것은 돈 벌려고 일하는 것과는 느낌이 다르다. 우선 정신건강에 도움을 준다. 자기가 이 세상에서 외톨이인 줄 알았는데 자기 손길이 필요한 사람이 있다는 것을 알면 생각이 바뀌게 된다. 자기보다 처지가 못한 사람이 있는 것을 보면서 자기가 지금 희망을 버릴 때가 아니라는 것을 깨닫게 된다.

자원봉사는 돈 들이지 않고 할 수 있다. 무슨 원대한 목적을 갖고 하는 것이 아니다. 그동안 자기가 사회에서 배운 것을 남을 위해 실천하면 되는 것이다. 퇴직한 사람 중에는 자원봉사를 하고 싶어도 어디서 하는지 알 수 없어서 못 하는 경우가 많다. 이런 경우는 우선 주변에서 찾아보는 것이 좋다. 아파트에 산다면 마음을 같이하는 사람들끼리 만나서 공동으로 하는 방법도 있을 것이다. 대상은 정하기 나름이다. 그것도 마땅치 않으면 동사무소나 구청에 문의해도 된다. 신앙인이라면 자기가 다니는 종교기관에서 할 일을 찾으면 된다. 마음만 있으면 자원봉사할 곳은 쉽게 찾을 수 있다.

조그만 일이라도 남을 위해 일하는 것은 의미가 있다. 자기 스스로 성취감을 느끼기 때문이다. 자원봉사는 정신건강은 물론 육체적 건강에도 도움이 된다. 남을 위해서 일한다는 그 자체만으로 마음의 즐거움을 얻을 수 있다. 그러면서 자기가 지금까지 했던 고민도 잊어버리게 된다. 물론 이런 고민은 자기 시간을 갖게 되면 다시 하게 되지만 자원봉사를 하는 시간만큼은 잊게 된다. 중요한 것은 직장에 매달려 살던 때보다는 분명 세상 보는 눈이 달라지고 생각의 범위가 넓어진다. 살다 보면 본의건 아니건 남의 도움을 받는 경우가 있게 된다. 그러나 받아서 채워지는 기쁨보다 나눔으로써 더욱 가슴에 와 닿는다. 이것은 경험을 통해서 알게 된다. 베풂으로써 자신을 새롭게 발견하고 희망도 솟는다.

새로운 길의 모색

월급쟁이의 일생

사람은 여러 단계를 거쳐 성장한다. 사람의 꿈 역시 성장단계에 따라 바뀐다. 그 꿈이 현실에 어떻게 투영되는지는 살아가면서 알게 된다.

어린 시절의 꿈은 미래 자기가 무엇이 될까 하는 데 초점이 맞추어진다.

꿈을 그리기에 따라서 경찰도 되고 선생님도 되고 장군도 되고 대통령도 될 수 있다.

그러나 그 꿈은 성장하면서 선택을 하여야 하는 상황에 직면하게 된다.

중학교를 졸업할 때쯤이면 인문계로 갈까, 실업계로 갈까, 공부를 좀 잘하면 외국어고교로 갈까, 과학고교로 갈까 고민한다.

고등학교 졸업 때가 되면 취직과 대학 중 선택의 기로에 서 게 된다.

진학을 선택하면 또 어느 대학으로 갈지 전공은 무엇을 해야 할지 선택해야 한다.

미래에 무엇을 하는 것이 자기 인생에 도움이 될지를 고민하기 시작한다.

성장을 하면서 차원이 다른 더욱 어려운 고민이 생겨난다.

대학졸업을 앞둔 사람은 취업 걱정을 한다.

고등학교를 졸업하고 그동안 사회에 먼저 나와 일하는 사람도 보다 나은 일터를 찾는다.

월급쟁이가 싫어서 직접 자기 사업을 하려는 사람도 나온다.

젊은이들에게 취업선택은 앞으로 펼쳐질 인생여정에 중요한 디딤돌이 된다.

몇 번의 시도 끝에 취업을 하게 되면 회사 일에 파묻혀 한동안 바쁜 나날을 보내게 된다.

직장을 잡고 경제적으로 자립할 때가 되면 결혼을 하게 된다.

신혼의 꿈도 잠시, 아이가 태어나면서 가정생활은 아이 중심으로 바뀐다.

아이의 재롱에 사는 재미를 느낀다.

가정의 중요성을 알게 되면서 행복에 취하기도 한다.

그러면서 가장으로서 자신의 책임이 무거워짐을 느낀다.

직장에서 피곤한 몸으로 집에 돌아오면 가정이라는 따뜻함이 맞아 준다.

어느덧 직장에서 가정으로 반복되는 생활을 하면서 자기를 잊게 된다.

이런 세월이 흘러가면서 나이는 중년으로 접어든다.

어느 날 갑자기 자기가 누구인지 정체성을 찾아보려고 한다.

그럴수록 주어진 상황은 더욱더 바빠져서 그럴 겨를조차 없어진다.

직장 경력도 쌓이고 좀 여유가 생기면서 다시 지난날들을 돌아보게 된다.

어느덧 자기도 모르는 사이에 직장에서 쫓기는 나이가 된다.

정말 정신없이 앞만 보고 살아왔노라고 회상하면서 지난날에 대한 아쉬움이 크다.

직장에서 후배들이 선배들을 앞지르기 시작한다.

이미 이런 일을 예견하면서도 제대로 대비하지 못한 채 시간에 끌려간다.

그러다가 퇴직 걱정에 잠 못 이루는 밤이 많아진다.

지금까지 열심히 일해 왔고 앞으로도 오랫동안 일할 수 있는데도 불구하고 점점 구석으로 몰려가고 있는 자신을 발견한다.

나이가 들었다고 급여가 많다고 또는 후배를 위하여 용퇴하라고 갖가지 이유로 결국 직장을 떠나게 된다.

임원들은 주총에서 새로운 경영진이 들어서면 새 술은 새

부대에 담아야 된다는 논리로 직장을 떠나기도 한다.

이렇게 퇴직은 찾아온다.

그들의 이임사는 서운하다는 것들이다.

그동안 가정도 제대로 돌보지 못하고 불철주야 일에 파묻혀 살아온 것이 회한으로 남는다.

퇴직한 사람들에게 사회는 냉담하다.

어느덧 이 사회가 잘살게 되니까 지난 시대의 주인공들을 나 몰라라 한다고 섭섭해한다.

그런들 어떡하겠는가? 그것이 사회인 것을…….

퇴직자들은 스스로 말한다.

아직도 일할 수 있고 기술도 있고 능력도 있고 생산성도 떨어지지 않는다고 한다.

하지만 이들을 받아주는 곳이 많지 않다.

홀로 서 보려 해도 쉽지 않다.

잘나갈 때 조직의 능력을 개인의 능력인 것처럼 착각했던 것을 후회하기도 한다.

그래도 이것저것 해 보겠다고 시도해 보지만 성공하는 사람보다 실패하는 사람이 많다.

조금 모아 둔 돈까지 날리는 경우도 적지 않다.

그러다가 세월은 흘러 저축도 바닥이 나면서 생활고 걱정을 하게 된다.

생활비도 벌고 싶고, 봉사도 하고 싶고 하지만 이런 기회는 쉽게 찾아오지 않는다.

시간은 흘러 어느덧 이 사회에서 자기가 할 일이 많지 않다는 것을 알게 된다.

나이는 숫자에 불과하다고 스스로 위로하면서도 불안해지는 마음 또한 깊어진다.

자꾸 나이는 백넘버에 불과하다고 반복한다.

그러는 어느 순간 평소에 스쳐갔던 일들이 새롭게 보이기 시작한다.

생각이 바뀌면서 변화가 일어난다.

이제 자기의 꿈은 돈도 아니고 명예도 아니고 할 일만 있으면 만족한다.

자원봉사도 찾아보고 그것도 쉽지 않으면 주변의 자질구레한 일이라도 나서서 하려고 한다.

이때 새로운 희망이 솟아난다.

희망은 가장 밑바닥에서 무엇인가 하려는 행동을 보일 때 살아난다.

과거의 영화는 잊고 자기 주변에서 조그만 일이라도 할 때 다시 솟아난다.

그래서 희망은 가장 밑바닥에서부터 솟아오르는 것인가 보다.

기회는 갑자기 찾아온다,
그러나 이것은 준비한 자의 것이다

기회는 준비한 자의 것이다. 아무리 노력을 해도 되는 것이 없을 때 사람들은 포기하게 된다. 야속하게도 기회는 이때 온다. 기회는 준비하지 못했을 때 오는 경우가 많다. 그래서 항상 미래를 대비하는 자세가 중요하다. 오늘 비록 실망하고 좌절했을지라도 포기하지 말고 다시 용기를 내어 미래를 준비해야 한다. 만약 기다리던 기회가 끝내 안 온다 할지라도 시간을 낭비하지 않고 알뜰하게 활용했다면 그 자체로서 가치 있는 일이다.

기회는 만드는 것이라고 하는 사람도 있지만 그렇지 않은 것 같다. 열심히 기회를 만들어 보려고 해도 기회는 주위에서 맴돌지 자기에게 오지 않는다. 기회는 자기가 찾고자 하던 것을 포기하고 잊어버릴 때쯤 찾아오는지 모른다. 오지 않는 기회를 스스로 만들어 보겠다고 이것저것 해 보았자 힘만 들고 결국에는 포기하고 오히려 자포자기에 이르게 된다. 준비는 하되 억지로 기회를 만들 필요는 없다. 그렇다고 기회가 오는 것은 아니다. 아예 잊어버리고 사는 것도 한 방법이다. 이때 기회가 찾아오는지 모른다.

실제 무엇인가 열심히 하다 보면 기회는 찾아온다. 우리는 살다 보면 이런 분을 가끔 만나게 된다. 한 분은 공기업 간부로 근무하다 퇴직하고 지방 공기업 대표이사로 갔다. 임기를 끝내고 지금은 민간 건설업체 대표이사를 맡고 있다. 공기업에 근무할 때 그는 열심히 했다. 공부모임에도 열심히 참석했다. 잘은 모르지만 성실한 인상을 주었다. 공기업에서 근무하는 동안 주요 직무는 모두 경험했다고 한다. 일뿐만 아니라 공부도 열심히 했다. 학부는 일반 인문학을 했지만 직장 일을 하다 보니 공부가 필요하여 이공계를 전공하여 직무와 관련된 학위도 받았다. 이것이 훗날 자기에게 도움이 된 것 같다고 말한다. 자기는 주어진 상황에서 열심히 한 것밖에 없는데 계속 일자리 기회가 오더라는 것이다.

기회는 불현듯 찾아온다. 때문에 항상 대비를 하고 있어야 한다. 자기에게 힘든 일이 있을 때 그것을 극복하는 과정에서 기회가 오는 경우도 있다. 기회는 우연찮게 온다. 가까운 한 분은 몇 년 동안 재판에 시달려 왔다. 그러나 그분은 자기는 죄가 없다는 것을 확신하고 있었다. 그러나 증거는 본인이 찾아서 제출해야 했다. 10여 년 가까이 된 서류들을 찾는다는 것은 참으로 힘든 일이다. 그분은 머리가 비상해서 오래된 일들을 기억해 냈다. 그는 가까운 사람을 만나면 자기가 처한 상황을 반복해서 말한다. 그러다 보면 지난 일들의 기억이 떠오르는 것이다. 기억을 더듬어 증거를 수집하고 정리한 다음 변호사에게 갖다 주면 변호사는 그것을 근거로 변론서를 작성한다. 그러다 보니 그분은 이 분야에 대한 법률적 지식은 물론 현실적인 문제의 전문가가 되었다. 그런데 그분에게 생각지도 못한 유수한 기업에서 자문을 요청해 왔다. 출근까지 부탁했다. 그분은 좋은 기회이지만 정중히 거절했다고 한다. 현재 일이 진행 중에 있기 때문에 자기 일에 집중하기 위해서라고 했다. 이렇듯 자기 일에 집중하다 보면 그 분야에 전문가가 되고 유사한 상황에 봉착한 사람들은 이런 경험을 가진 사람을 찾게 된다.

이렇듯 기회는 자기도 알지 못하는 사이에 찾아온다. 기회는 찾는 자의 것이 아니라 자기 일에 열심인 사람에게 오는 것 같다. 오늘 힘들다고 하더라도 무엇인가 당신이 열심히 하고 있다면 내일 그 기회는 올지 모른다. 기회라고 무조건 잡아서는 안 된다. 신중하게 고려하고 판단해서 결정해야 한다. 그 기회를 잡고 활용하는 것은 기회를 잡은 자에게 달려 있다. 다만 한 번 온 기회는 쉽게 다시 찾아오지 않는다는 것을 잊지 말아야 한다.

사회생활에 공짜는 없다

낯선 직업을 선택할 때에는 학습비용이 따른다는 것을 잊지 말아야 한다. 경영진으로 가든 중간 간부로 가든 또는 창업을 하든 철저한 준비 없이 하다가는 낭패를 보는 경우가 적지 않다. 무슨 일을 하든 사전에 공부도 하고 현장 답사도 하고 경험한 분들의 의견을 듣고 판단해야 하다. 그러고 나서도 또 한 번 더 신중하게 생각하고 행동해야 한다. 나름대로 준비를 철저히 하고 시작해도 예기치 못한 일이 발생하기 때문이다. 물론 모르는 일은 배워 가면서 할 수 있다. 중요한 것은 모르는 것이 무엇인지를 정확히 이해하고 배워 나가야 한다. 그리고 그것을 여러 상황에 따라 시도를 해 보는 것이 바람직하다.

이런 노력 끝에 판단이 서면 과감한 행동이 필요하다. 사람들의 상황판단은 비슷하다. 차이는 행동에 있다. 판단이 서고도 망설이는 사람이 대부분이다. 때문에 의사결정보다 행동하는 능력이 보다 중요하다. 주도면밀하고 신중하게 접근한 뒤 판단이 서면 그때는 뒤돌아볼 것 없이 매진해야 한다. 하다가 망설이면 아니 함만도 못하기 때문이다.

사회는 사람들에게 배울 수 있는 시간을 그렇게 많이 허용하지 않는다. 바로 경쟁이 펼쳐지기 때문이다. 그러나 배우려고 노력하는 사람이라면 처음에 경쟁에서 뒤지는 것이 큰 문제는 아니다. 뒤지는 것 자체가 정상이다. 단기간에 승부를 내려면 실패하기 십상이다. 욕심내지 않고 차근차근히 배워 나가는 것이 장기적으로 경쟁력을 얻는 길이다. 새로운 직장을 잡거나 창업을 하는 경우에는 한마디라도 귀담아들으려는 자세가 중요하다. 동료나 고객이 무심코 한 말이라도 사업을 시작한 사람이라면 관심을 가져야 한다. 경험자들에게 솔직하게 자문을 구하는 것도 바람직하다. 그런 노력을 하면 시행착오를 줄일 수 있다.

처음부터 의욕을 갖고 일하는 것도 중요하지만 무리하게 하지 말고 하나하나 침착하게 하는 것이 중요하다. 제일 먼저 할 일은 업무 파악이지만 이와 함께 새롭게 만나는 사람들과의 친교에도 시간을 아끼지 말아야 한다. 낯선 사람들과 만나 일을 한다는 것은 스스로 자기를 평가하는 기회이기도 하다. 특히 직장은 속성상 이익 요소를 띠고 있기 때문에 상대방에 대한 배려가 미흡하다. 평소 친절한 사람도 자기와 이해관계가 있을 때에는 예민하게 반응한다. 낯선 사람들과 창업을 할 경우에도 마찬가지이다. 이들과의 관계를 어떻게 유지, 발전시키느냐에 따라서 새로운 직장에서 성공의 가능성을 예견할 수 있다.

자기가 다니던 직장을 떠나 새로운 그것도 생소한 직장을 잡았을 때에는 남보다 몇 배 노력을 더해야 한다. 자기 분야에 대해서 전문가라고 하더라도 하지 않던 일에 대해서는 초보자이기 때문이다. 우선 그 직종의 속성을 파악해야 한다. 전반적인 경제현상이나 전망 등 분석적인 면에서는 능력이 있다고 하더라도 부분을 보는 눈이 더욱 중요하다. 특히 직장생활을 했던 사람들이 새로운 사업을 하려고 할 경우에는 더욱 그러하다. 사무직이나 연구직에 있던 사람들은 거시적 측면에서 지식이 있더라도 다양한 경제행위가 이루어지는 곳에서는 실제 그 지식이 큰 도움이 되지 못한다. 전문지식이 현장에서 얻은 경험지식을 따라갈 수 없기 때문이다. 섣불리 자기 지식에 근거하여 판단하고 행동하다가는 실패하기 십상이다. 그 분야에서는 현장에서 살아온 사람들이 베테랑이고 전문가이다. 이들과 경쟁하려면 그분들로부터 배우는 자세를 취해야 한다.

경제를 보는 시각도 거시적 측면에서 접근하다가는 실패하기 쉽다. 거시적인 측면과 미시적인 측면은 다른 경우가 많기 때문이다. 경제현장에서 경제상황은 수시로 변한다. 그것이 시장이다. 불황 속에서도 호황업종이 있고 호황 속에서도 불황업종이 있는 법이다. 전반적인 경제현상과 각 부문별 경제실상이 다른 경우가 많다는 것도 알아야 한다.

경영능력이나 사업능력이 있는 사람은 불황이라도 호황 못지않은 성과를 내기도 한다. 그러나 이것은 쉬운 일이 아니다. 오히려 예외적인 현상이다. 그 분야에 전문적인 지식이 없으면 낯선 새로운 직종에서 적응하기 쉽지 않다. 물론 개인 성격에 따라서 다른 경우도 있다. 성격이 적극적이거나 쾌활하고 외향적인 사람들은 새로운 환경에 적응능력이 빠를 수 있다. 그러나 이 경우에도 그 분야의 지식과 현장 경험을 두루 갖추고 있어야 한다. 거시적인 면은 모르더라도 그 분야의 현장 경험을 쌓아 나가야 한다.

원리원칙에 충실한 사람은 시스템이 갖추어진 조직에서는 그런대로 적응할 수 있지만 그렇지 못한 조직에서는 적응하기 쉽지 않다. 이럴 때 마음은 넓게 그리고 업무는 원리 원칙에 충실한 것이 바람직하다. 주어진 범위 내에서 재량행위를 발휘하여 조직의 화합을 위한 노력도 필요하다. 여기에 생산성을 향상시키는 노력은 더욱 바람직하다. 투명성이 낮은 곳은 준법과 원칙에 충실한 것이 안전하다.

스스로 자신의 고민을 풀어라

고민은 자기와의 싸움에서 이겨야 풀어질 수 있다. 한풀이와 같다. 그러나 자기와의 싸움에서 이기는 일은 쉽지 않다. 마음부터 적극적이어야 하지만 쉬운 일이 아니다. 오히려 스스로 좌절하는 경향이 있다. 좌절이 깊으면 깊을수록 용기가 나지 않는다. 한 번 기가 꺾이면 새로운 용기를 갖기가 쉽지 않다. 이럴 때는 변화가 필요하다. 주어진 상황을 벗어나는 것이다. 우선 그동안 하지 않던 것을 행하는 것도 좋은 방법이다. 일이 안 풀리면 그 일은 아예 잊어버리고 완전히 다른 일을 생각해 낸다. 그러다 보면 예상치 않던 해결책이 나오기도 한다. 시간이 지나서 생각하면 별것도 아니었는데 당시 상황에서는 그렇게 고민한 경우도 있다.

일이 안 풀리거나 고민이 생겼을 때는 아주 다른 환경에서 자기 혼자만의 시간을 가져 보는 것도 좋다. 실업자라면 우선 집을 벗어나라. 무작정 집을 벗어나라. 떠나는 그 자체가 용기이다. 그러면 생각이 바뀐다. 갈 데 없으면 야외로 나가 홀로 걸어 보아라. 사람 많은 도로도 좋고 호젓한 길도 좋다. 홀로 등산하는 것도 좋다. 바다를 바라보며 상념에 잠겨 보든가, 산에 오르면서 무념무상의 상태에 빠져 보아라. 여하튼 지금까지 하던 상황에서 벗어나는 것이 중요하다. 그러다 보면 우연한 곳에서, 사소한 것에서부터 새로움이 솟아날 수 있다. 바람과 파도소리에도 문득 깨달아지는 것이 있을 수 있다. 산에 있는 수많은 식물로부터 무언의 메시지를 들을 수도 있다. 자기 내면으로부터 느껴지는 것이 있다. 이것은 타인으로부터 들을 수 없는 용기를 주는 메시지이다. 주위 사람으로부터 다양한 말을 들어도 힘이 되지 않던 것이 스스로 사물을 보면서 느껴지는 것이다.

이런 메시지는 문제를 단순화하는 데서부터 얻을 수 있다. 그래서 고민이 많을수록 단순화해야 한다. 고민이라는 속성이 처음에는 사소한 것이지만 이것이 눈덩이처럼 커지는 것이다. 그러다가 나중에는 이러지도 저러지도 못하는 상황이 되어 버리고 만다. 때문에 복잡한 것일수록 단순화해야 한다. 그러면 해결책도 보인다.

퇴직 후의 고민이란 일을 하고 싶다든가 하루 시간을 보내기가 지루하다든가 가족과의 관계가 원만하지 않다든가 등등이다. 타인에게는 대수롭지 않은 것을 가지고 고민하는 경우도 많다. 따라서 고민은 자기의 마음가짐과 관계가 깊다. 이런 문제는 자기가 어떻게 생각하고 행동하느냐에 따라서 달라진다. 우선 자신에게 겸손해야 한다. 자존심은 좀 접어 두고 겸손의 자세를 갖는 것이 중요하다. 당장 직업을 찾지 못해 소일거리가 없어서 그렇다면 집에서라도 할 일을 찾아야 한다. 청소를 하든가 설거지를 하든가 책을 읽든가 글을 써 보든가 자기 적성에 맞는 것을 찾아서 실천하는 것이 중요하다. 집 안 청소를 운동이라고 생각하면 이것도 즐거운 일이 된다. 스스로 시간을 알차게 쓰는 것이라고 생각하면 더욱 기분 좋은 일이 된다. 이렇듯 즐거움은 주변의 사소한 일에서부터 찾을 수 있다.

갓 퇴직 후에는 좌절보다 희망이 앞선다. 자기만의 꿈도 가져 본다. 곧바로 취업을 하거나 창업을 한다는 꿈을 가져 보지만 이 꿈이 깨져 버리면 자기 자신이 처량해진다. 시간이 지날수록 희망은 사라지고 실망만 쌓이게 된다. 그러다 그 꿈은 산산조각이 난다. 지쳐서 스스로 굴복하게 된다. 그러나 여기에서 굴복하면 스스로 자신의 감옥을 만드는 꼴이 된다. 절망의 감옥에 갇히면 헤어나기 힘들다.

실패할수록 용기를 갖는 것이 필요하다. 지치면 포기하기보다 일을 잊고 휴식을 취하는 것이 좋다. 지친 상태에서 무엇을 하려고 하면 더욱더 힘이 빠지고 나중에는 남아 있는 기력마저 잃게 된다. 이런 때는 무조건 쉬는 것이 좋다. 휴식의 기간이 끝나면 다시 칠전팔기의 정신으로 도전하는 자세가 중요하다. 무조건적인 도전이 아니고 지금까지 실패한 이유를 분석하고 대안을 강구하고 도전하는 자세가 바람직하다. 도전한다는 그 자체만 가지고도 자기가 살아 있다는 징표가 된다. 자기가 바라던 대로 이루어지지 않아도 그 결과는 예기치 않은 다른 쪽에서 올 수 있다. 스스로 노력해야 한다. 그러면 언젠가는 결실을 거둘 것이다.

미래는 자신의 꿈을 믿는 자의 것이다

"미래는 자신의 꿈을 믿는 자의 것이다."라고 사람들은 말한다. 그러나 꿈은 쉽게 이루어지지 않는다. 이 세상에 꿈이 없는 사람은 없다. 모든 사람은 나름대로 자기의 꿈을 갖고 산다. 또한 그들의 대부분은 그 꿈을 이루기 위하여 노력한다. 그런데도 그 꿈은 쉽게 다가오지 않는다. 그 과정에서 사람들은 좌절하고 꿈을 포기한다. 그럼에도 사람들은 꿈을 갖고 살아야 한다고 말한다. 간혹 성공한 사람들은 자기의 경험담을 들려주면서 꿈이 있었기에 성공했노라고 말한다. 그렇다면 성공한 사람과 실패한 사람과의 차이는 무엇인가?

그것은 실패를 어떻게 관리하느냐에 달려 있다. 성공은 실패에 대한 반성에서부터 시작된다. 그래서 "실패는 성공의 어머니"라고 하지 않는가? 실패 후 반성하고 원인을 밝혀내고 앞으로의 일을 선택하여 추진하면 성공할 확률도 그만큼 높아질 수 있다. 실패하더라도 적극적으로 사고하여야 한다. 실패를 성공의 디딤돌로 활용하는 적극적인 자세를 가져야 한다. 성공한 사람들을 보면 중간에 실패하여 고통을 겪더라도 이에 굴하지 않고 오히려 고통은 변화를 일으키는 신호라고 생각하고 행동한 사람들이다. 이런 사람들은 실패해도 좌절하지 않고 더욱 적극적으로 대처하려는 용기를 가진 사람이다. 우리들에게 고통은 현재의 위치에서 원하는 위치로 이동하는 과정에서 생긴다. 실업에서 취업에 이르는 길도 마찬가지이다. 그 과정은 고통의 길이다. 아무리 노력해도 취업의 길은 점점 멀어지고 사업은 더욱 쪼들리는 상황에서 생긴 고민은 결국 그 사람에게 할 것인가 말 것인가의 변화를 일으키는 동인이 된다. 여기에서 중요한 것은 포기하지 않는 것이다.

기회는 갑자기 올 수 있다. 아무리 노력해도 되지 않던 일이 어느 날 갑자기 우연찮게 오는 경우도 있다. 그러나 그것은 우연찮게 오는 것이 아니다. 자기가 노력한 결과이다. 사람들은 이런 기회가 오기 전에 포기하는 경우가 많다. 좌절하는 그 순간 지금까지 쌓아 왔던 것은 무너져 버린다. 그 순간 기회도 우연도 날아가 버린다. 그래서 무엇을 하든 포기는 하지 말아야 한다. 하다 안 되면 잊기는 하되 마음 한구석에 남겨 놓아야 한다. 일자리 찾기에 지쳤을 경우에도 포기하지 말고 당분 간 이를 잊고 그 대신 건강관리를 하든가, 공부를 하든가 무엇 인가 꾸준히 노력하는 것이 바람직하다. 이렇게 자기 자신의 능력 향상을 위하여 꾸준히 하다 보면 기회는 다시 올 수 있다. 이런 의미에서 보면 기회는 갑자기 오는 것이 아니라 자기가 꾸준히 준비하고 대비하는 과정에서 서서히 다가오는 것이다.

그러나 사람들은 대부분 중도에서 좌절한다. 그러나 적극적 이고 긍정적인 사람은 좌절하지 않는다. 어느 순간 좌절을 하 더라도 결코 포기하지는 않는다. 이들은 좌절의 순간이 자기에 게 온 변화의 신호라고 생각한다. 그래서 좌절의 순간에 새로 운 변화를 시도한다. 좌절에서 다시 일어나기까지에는 상당한 시간이 걸린다. 가장 바람직한 좌절의 극복은 스스로 계획하고 변화를 창출하는 것이다. 그러나 이것은 말처럼 쉽지 않다. 물 론 끈질김이 모자라서 하지 못할 수도 있다. 돈이 없어서……, 상황이 안 좋아서…… 등 많은 핑계가 있을 수 있다. 이럴수록 독한 마음을 먹고 스스로 계획하고 실천해야 한다. 자기 여건 에 맞는 일을 계획해야 실현가능성도 높아질 수 있다. 우선 눈 높이를 낮추어야 한다. 눈높이는 높은데 주어진 여건은 이에 따르지 못할 때 실망과 좌절감이 깊어지기 때문이다.

자신의 꿈을 이루려면 먼저 자신의 위치와 여건에 대한 정 확한 상황 인식을 하여야 한다. 마음을 차분하게 가라앉히고 자신의 장단점은 물론 상황까지 새롭게 파악해야 한다. 자기를 파악하기 위하여 중요한 것은 다른 사람으로부터의 평가이다. 남의 눈을 통하여 세상을 바라보려는 자세이다. 그다음 자신과의 약속이 중요하다. 그리고 이를 실천해야 한다. 실천하지 않으면 아무 소용이 없다. 실행과정에서는 예기치 못한 시행착오를 거칠 수 있다. 이때에는 인내심이 필요하다. 참을성을 가져야 한다. 실행과정에서 부분에 얽매이기보다 가끔 전체적인 그림을 살펴보아야 한다. 자기가 제대로 가고 있는지를 확인해야 한다.

인생의 긴 여정에서 사람들은 실패와 성공을 수차례 맞는다. 성공한 사람이나 실패한 사람들은 저마다 특징이 있다. 실패를 경험한 사람은 용기가 없어진다. 자주 실패를 하다 보면 무엇을 하더라도 두려움이 앞선다. 그러나 두려움 그 자체가 부정적인 것은 아니다. 문제는 스스로 두려움을 통제하느냐 아니냐에 달려 있다. 현실이 너무 어렵고 상황이 불투명하고 고민과 고통의 강도가 높아지더라도 자기의 핵심가치를 지켜 나간다면 두려움은 통제될 수 있다. 성공을 이룬 사람들은 실패를 분석하고 실패를 타산지석으로 삼아 성공의 디딤돌로 삼은 사람들이다.

누군들 실패를 반복하려는 사람이 어디 있겠는가? 그래서 사람들은 자기에게 익숙한 일에 마음이 간다. 자기가 하던 일과 완전히 다른 일을 하려면 겁이 난다. 사실 그런 일은 그만큼 위험이 높고 실패할 확률도 높다. 그래서 자기가 알고 있는 일, 조금이라도 익숙한 일, 다른 길이라도 자기가 하던 일과 어느 정도 연관 있는 일을 하려고 한다. 이것이 실패를 줄일 수 있는 방법이라고 생각하기 때문이다.

　만약 새로운 일을 하려는 사람이 있다면 자본투자를 최소화하는 것이 좋다. 그 길은 그만큼 어렵고 실패할 확률도 높기 때문이다. 조금씩 하다가 경험이 쌓이고 자신이 생기면 그때 가서 도전하는 것이 좋다. 미래는 도전하는 자의 것이다. 아무것도 하지 않는 사람은 사과나무 밑에서 사과 떨어지기를 기다리는 사람과 같다. 꿈을 포기하지 않고 꾸준히 노력하는 사람에게 기회는 찾아온다.

돈보다 건강과 일이 중요하다

조기 퇴직이 일상화되면서 제2의 직업을 찾는 사람이 많아지고 있다. 사회변화와 산업구조의 변화도 새로운 일자리를 찾게 하는 요인이 되고 있다. 그래서 요즘에는 괜찮은 일자리가 나기만 하면 사람들이 몰려 경쟁률이 이만저만이 아니다. 그만큼 일하려는 사람들은 많은데 일자리가 없어 생긴 현상이다. 여기에 제2의 직업을 찾는 퇴직자들에게는 한 가지 높은 장벽이 또 있다. 연령중심의 인력채용 기준이다. 시대가 변하고 상황이 변했다고 하더라도 우리나라에서의 인력 채용기준은 능력보다 연령을 우선으로 한다. 그래서 50대 이후의 사람들은 재취업하기 어렵다. 이러다 보니 일할 수 있는 능력을 가진 사람들까지 일자리 찾기를 포기하게 만든다. 일을 하지 않고도 여유롭게 살 수 있는 사람이면 괜찮겠지만 대부분의 사람들은 그렇지 못하다는 데 문제가 있다.

직장에 다닐 때에는 퇴직 후에 새로운 인생설계를 하면서 즐겁게 노년을 보내는 꿈을 꾸기도 한다. 나이가 들어 직장에서 은퇴하면 맑은 공기와 경치 좋은 곳에서 목가적 생활을 하고 싶다. 그렇게 하고 싶지 않은 사람이 누가 있겠는가? 그것은 직장을 제대로 다니고 노후를 대비했을 때 가능한 일이다. 그러나 현실은 그러하지 못하다. 대부분의 사람들은 노후대비를 하지 못한 상황에서 물러난다. 은퇴예정 시점 훨씬 이전에 직장에서 물러나는 경우가 많기 때문이다. 공공부문이나 민간부문 모두 정년 규정을 두고 있지만 제대로 지켜지는 곳이 없다. 대부분 정년 훨씬 이전에 퇴직을 한다. 성장하지 못한 자식들을 돌보아야 할 돈이 가장 많이 들어갈 나이인 40대에 직장을 떠나는 사람들에게 은퇴 후의 생활계획은 먼 훗날 일이다.

요즘에는 빨리 승진하는 사람도 많다. 때문에 남보다 먼저 퇴직하는 사람도 적지 않다. 빨리 승진하고 빨리 퇴직하는 이른바 '조진 조퇴' 현상이다. 그래서 40대 퇴직자도 적지 않다. 40대는 아직 애들도 어리고 가정을 이끌어 가야 한다. 경제적 부담이 높은 연령대이기 때문에 일자리를 원하지만 구하기가 쉽지 않다. 결혼이 늦어 자녀를 늦게 둔 경우에는 50대 후반 이후의 사람들도 40대와 차이가 없다. 이들의 실업은 가정까지 우울하게 만든다. 40대라면 한창 일할 나이인데 일자리가 없어서 놀고 있다는 것은 비참한 일이다.

나이가 들수록 필요한 3대 조건이 있다. 건강, 일, 돈이다. 그중에서도 건강이 으뜸이다. 건강에는 두 가지가 있다. 정신적 건강과 육체적 건강이다. 둘 다 건강해야 한다. 건강은 일과 돈에도 관계가 있다. 건강해야 일도 할 수 있고 돈도 벌 수 있기 때문이다. 건강하지 못하면 돈도 벌 수 없고 아파서 병원에 다니게 되면 돈까지 없어진다. 건강하지 못해 병원에 다니면서 쓰는 돈은 정말 아깝다.

다음에 중요한 것이 일이다. 건강하고 돈이 많아도 일이 없으면 인생에 낙이 있을 수 없다. 일을 하면 돈도 벌고 건강도 유지할 수 있다. 일은 육체적 건강뿐만 아니라 정신건강에 도움이 된다. 돈만 있다고 노년이 행복할 수는 없다. 돈이란 삶을 살아가는 데 필요조건일 뿐이다. 따라서 현재 돈이 없다고 해서 건강까지 해쳐서는 안 된다. 이럴 때일수록 마음을 다스리고 활기 있는 삶을 사는 노력을 해야 한다. 그러기 위해서는 일을 해야 한다.

일거리를 찾으려면 지난날 자기의 화려한 경력은 일단 접어두어야 한다. 거울에 비친 자기 얼굴을 보아라. 그러면 현실을 알 수 있다. 자기는 현재 한창 일할 나이이고 능력이 있다고 생각하고 있지만 거울에 비친 자기 얼굴을 보면서 깨닫게 된다. 바로 이것이 현실이다.

건강·경제력·일, 이 세 가지를 갖는다는 것은 퇴직한 사람들에게는 꿈과 같은 것이다. 건강을 잃으면 다른 것이 아무리 많아도 의미가 없다. 그래서 건강만큼 중요한 것은 없다. 그것은 삶에서 제1의 조건이다. 그다음 조건은 '일'이다. 물론 '경제력'까지 갖추어지면 그것은 금상첨화다. 그것까지 바라는 것은 사치일지 모른다. '일'만 있다면 소득은 창출될 수 있다. 소득이 창출되지 않는 자원봉사라도 좋다. 할 '일'만 있다면 그것은 심리적 안정과 함께 건강한 삶을 살 수 있기 때문이다.

신문지상이나 TV에서 용기 있는 삶을 살아가는 사람들을 접하면 부럽기까지 하다. 이분들도 알고 보면 일반인들과 큰 차이는 없다. 차이가 있다면 행동에 나섰다는 것이다. 마음 언저리에 맴돌던 것을 스스로 행동에 옮긴 사람들이다. 이들을 보노라면 행동하는 사람이 행복도 얻는 것임을 알게 한다. 이런 사람은 우리 주위에 의외로 많다.

우연한 기회에 신문에 실린 사진 한 장이 가슴을 뭉클하게 했다. 자동차 경정비 센터에서 일하는 모습이다. 그분은 경제학 박사로 기술과는 정말 관련이 없던 분야에서 일생을 살아오신 분이다. 대학교수에 민간경제 연구소 소장 등을 역임하신 분이다. 60세가 넘어 자동차 정비학원에서 교육을 받은 후 서울 근교의 자동차 정비센터에서 정비보조수로 일하고 있었다. 사진의 모습은 정말 행복한 모습이다. 스스로 행복을 만들고 실천하고 계신 분이다.

또 한 분은 신문에 보도도 되고 TV에도 출연하신 분이다. 그분은 영업용 택시 운전사다. 전에는 어느 신용금고 사장을 하신 분이다. 이분은 택시운전사로서 행복한 삶을 살아가고 있다. 요즘 택시를 타면 퇴직한 분들이 핸들을 잡으면서 인생사를 얘기하는 경우를 자주 보게 된다. 아파트 경비원도 퇴직한 분들이 맡는 경우가 많다. 이들은 돈보다 일을 찾아 삶의 의미를 새롭게 실천하는 분들이다.

실제로 우리 주변에는 이렇게 새로운 일을 찾아 하는 분들을 쉽게 볼 수 있다. 봉사 일을 찾아 하는 사람도 많다. 집에서 일거리를 찾아 시간을 보내는 사람도 많다. 하루 계획을 세워 실천하는 사람도 많다. 이런 분들은 시간을 아껴 사용하면서 성과도 내는 건설적인 사람들이다. 일을 찾으면 일은 있다. 문제는 생각만 하고 행동에 옮기지 못한 데 있다. 생각을 바꾸면 할 일은 있다. 문제는 우리의 생각과 행동을 주저하는 데 있다. 모든 것은 생각을 어떻게 하느냐에 달려 있다.

생각과 행동을 바꾸어라

 ## 퇴직은 새로운 시작, 일단 자유를 즐겨라

당신은 정말 제대로 쉬지 못하고 한평생을 일 속에 파묻혀 살아왔다. 당당하게 쉬어라. 퇴직은 당신에게 새로운 휴식의 시간을 준 것이다. 이 휴식의 시간을 휴식답게 보내라. 그동안 못다 한 일들을 정리해 봐도 생각만큼 많지 않을 것이다. 사소한 일인데도 직장생활에 얽매여 하지 못한 자신의 졸장부 같은 행태에 반성도 하게 된다. 이제 다시 어린 시절, 동심에서 꿈꾸었던 초심으로 돌아가자. 그러다 보면 직장에 얽매여, 고단한 삶에 찌들어 잊어버렸던 어릴 적의 꿈들이 다시 살아날 수 있다.

넥타이는 당신을 구속했다,
과거의 일상에서 벗어나라

이제 넥타이를 안 매도 된다. 그만큼 당신은 구속에서 벗어났다. 이제 당신은 자유인이다. 일정 기간 이 자유를 누려라. 퇴직이 무슨 죄나 진 것처럼 생각할 필요가 없다. 그런 생각을 하면 그 자체가 당신을 구속하게 된다. 누가 눈치를 준다고 생각하면 그것이 또 구속이 된다. 이것을 뛰어넘어야 한다. 우선 생각의 자유를 찾아라. 기존의 것에서 일탈하여 자유롭게 생각하고 상상을 펼쳐라. 자기 멋대로 상상의 롤러스케이트를 타 보는 것이다. 그러다 보면 의외의 아이디어와 일도 발견할 수 있을지 모른다.

망설이지 말고 행동하라

일자리를 찾다가 보면 막히는 곳이 한두 군데가 아니다. 어쩌다 구인광고가 있어서 응모라도 하게 되면 체면을 구기는 경우도 있다. 그래도 기회라고 생각하면 응모하라. 물론 이미 정해 놓고 공모하는 곳은 응모할 필요가 없다. 실직생활이 길어지다 보면 체면 구기는 것은 다반사다. 그러다 보면 화도 나고 스스로 자책도 하게 된다. 이런 것이 반복되다 보면 용기를 잃어버리게 된다. 실직 기간이 길어지면 길거리에서 모르는 사람이 바쁘게 걸어가고 있는 모습만 보고도 부러운 생각이 든다. 세상은 넓고 할 일은 많다고 하는데 왜 자기는 이렇게 노력하는데도 일자리 하나 잡히지 않는가 하고 자포자기를 하게 된다. 이쯤 되면 친하게 지냈던 분들에게 전화 한 통 하기도 부담스럽다. 그들의 바쁜 시간을 뺏는 것은 아닌지 스스로 자문하고 망설이다가 제대로 연락도 하지 못한다. 이런 행태가 자기를 더욱 구속하는 요인으로 작용한다. 이런 때일수록 망설이지 말고 행동해야 한다. 용기를 갖고 아는 분에게 접촉을 시도해라. 연락 후 그분이 만나기를 꺼리면 그때부터 안 해도 된다. 그러나 한두 번이라도 시도해 보고 판단하라. 그 사람이 당신이 전화했을 당시에 기분이 언짢은 상황이라든지 몸이 아프다든지 선약이 있다든지 당신이 알지 못한 사유가 있을 수 있을 테니까 말이다.

 자기가 하던 일 중심으로 일자리를 찾아라,
아니면 완전히 잊어버려라

새로운 길을 선택하는 것은 생각만큼 쉽지 않다. 우선은 자기가 익숙한 일에서부터 할 일을 찾아라. 이것이 가장 빠른 길이다. 여의치 못하면 그동안 자기가 해 왔던 유사한 일을 차선책으로 선택하라. 열이면 아홉은 이렇게 말한다. 자기가 익숙한 일을 찾아도 찾기 쉽지 않고 사업을 하려고 해도 두렵다고 한다. 이런 상황이면 고민해 보아야 아무 소용이 없다. 이럴 때는 용기밖에 없다. 무조건 도전해 보는 것이다. 그러나 도전의 대상이 분명해야 한다. 그렇지 못하면 백전백패한다. 자기가 할 수 있는 일은 머리를 싸매고서라도 찾아야 한다. 처음에는 막연하고 잡히지 않지만 역시 행동에 나서면서 서서히 앞이 보이기 시작한다. 그때 대상을 분명히 하고 도전해야 한다. 도전하기로 결정하고 나면 준비할 일들이 생겨난다. 사전에 철저히 조사하고 준비하고 시작해야 한다.

이것도 안 되면 기존에 자기가 경험했던 일이나 익숙했던 일을 완전히 잊어버리는 편이 낫다. 자기 것을 포기하면 창의력이 생긴다. 창의력의 장애는 예전의 경험과 지식이다. 이것을 완전히 버릴 수 없지만 포기하는 마음이 있으면 창의성이 솟아난다. 하여튼 도전하라. 일을 시작하라. 그것이 고민하는 것보다 낫다.

재직 시에 자기가 받던 대접은 모두 잊어버려라

실직한 이후의 자신은 어제의 자신이 아니다. 오늘 현재 당신의 처지를 정확히 인식하라. 그러나 너무 실망이나 좌절은 하지 말자. 현실은 직시하되 용기를 갖고 미래를 개척하자. 감나무 밑에서 감이 떨어지기를 기다리지 말고 용기를 갖고 도전하자. 일자리를 찾아보아라. 창피하다고 생각하지 말고 퇴직한 사실을 널리 알려라. 이것은 일사리를 찾는 정보가 될 수 있다. 열심히 찾다 보면 일자리는 우연찮게 나타나는 경우도 있다.

직장의 추억은 좋은 것만 생각하라

다니던 직장에 대하여 나쁜 얘기는 하지 않는 것이 좋다. 그래도 지금까지 당신에게 일터를 준 곳이다. 오히려 감사하라. 퇴직하고 나면 동료 직원들로부터도 멀어지게 마련이다. 이런 것을 섭섭해하지 마라. 오히려 그것을 현실로 직시하고 자기 스스로 당당한 모습을 보여 주어라. 직장생활 할 때 갈등하고 싸우고 미워했던 사람들도 다 이해하고 용서하라. 오히려 가까운 지인처럼 대하라.

 ## 항상 긍정적으로 사고하고 행동하라

퇴직 후에는 다니던 직장에 대하여 아쉬움을 갖지 마라. 자기는 정말 회사를 위하여 열심히 일했는데 어느 날 갑자기 사표를 내라 했다고 욕할 필요가 없다. 오히려 지금까지 일하도록 기회를 준 것에 대하여 고맙게 생각하라. 자기가 청춘을 보내고 가족이 이렇게 살도록 해 준 것이 직장이지 않은가? 누가 나가라고 해서 퇴직한 것이 아니라 상황이 그렇게 돼서 직장을 그만둔 것이다. 그것을 현실로 받아들여라. 후배들에게 자리를 남겨 줌으로써 그들이 클 수 있다는 것을 인정하고 오히려 대견스럽게 생각하라. 강물은 뒷물에 밀려 흘러가는 것이다.

 ## 오늘의 고통은 성숙을 위한 진통이다

지금의 시련은 나를 훈련시키는 것이라고 생각해라. 세상을 살다 보면 이보다 더한 어려움도 많다. 어려움은 자기에게만 있는 것이 아니다. 고통과 고민은 누구에게나 있다. 우리 인생에서 사춘기는 사춘기대로 청년기는 청년기대로 고통과 고민은 있었다. 고민이나 고통은 부자도 있고 권력을 갖고 있는 사람도 있다. 당장 풀 수 없는 고민도 있다. 그래서 인생은 고해

(苦海)라고 하지 않았나? 우리는 이런 고통의 단계를 지나면서 성숙해 온 것이다. 그러나 주어진 조건을 어떻게 받아들이느냐에 따라 그 결과는 달라진다. 극복할 수 있다는 자신감, 일을 통하여 이 어려움을 극복하겠다는 생각을 갖게 되면 시련을 이기는 지혜도 나오게 된다. 고통을 통하여 또 한 단계 성숙한 사람이 되는 것이다.

 ## 자신을 초라하게 생각지 마라

직장을 잃고 시간이 지나면서 자신감이 없어진다. 처음에는 이것저것 도전해 보지만 실패를 거듭하면서 용기가 없어진다. 그러다가 문득 초라해진 자신의 처지를 보게 된다. 그렇게 열심히 일하던 자신이 이렇게까지 무능력한 사람이었는가를 되씹어 본다. 그렇다고 당장 무엇을 어떻게 할 수 있는 상황도 아니다. 오히려 자신의 초라함을 다시 한 번 느끼게 될 뿐이다. 가정에서조차 자기위치에 대한 회의가 생긴다. 그러나 절대 그럴 필요가 없다. 그럴수록 자기만 손해다. 자신감을 가져야 한다.

당신은 그동안 열심히 일했기 때문에 지금은 좀 쉬라고 기회를 준 것이다. 그동안 일한 대가로 쉬는 것이라 생각하라. 세상에 변하지 않는 것은 아무것도 없다. 부자가 가난해지기도 하고 가난한 사람이 부자가 될 수도 있다. 지금은 실업자지만 또 언제 직장에 다닐지 모른다. 생각지도 않던 기회가 와서 사업에 성공할 수도 있다. 그런 기회도 미리 변화에 대비하고 자기 능력을 계속 향상시킨 경우에 가능하다. 그때를 기다리고 준비하는 자세가 더 중요하다.

 ## 기다림도 능력이다

50대 이후의 사람들은 정말 바쁘게 살아왔다. 직장에 충실하느라 가정도 제대로 돌보지 못한 경우가 허다하다. 이 연령대의 사람들은 빠름에 익숙하다. 50대 이후의 산업화 주역들은 앞만 보고 달려왔기 때문이다. 이렇게 바쁘게 움직이다가 갑자기 퇴직하고 집에 있다 보니 어찌할 줄 모르는 것이다. 이제는 상황이 바뀌었으니 바뀐 상황에 맞추어 살아야 하지만 일생 동안 몸에 밴 행태가 쉽게 바뀔 리 없다. 하는 일 없이 공연히 마음만 바쁘다.

모든 일에는 순서가 있고 또 시간이 걸린다. 퇴직한 사람들의 마음가짐이나 행태도 바뀌기까지는 시간이 걸린다. 하물며 미래가 불확실한 상황에서 자기가 할 일을 찾거나 잡기까지 시간이 걸리는 것은 당연하다. 그러니 앞날에 대하여 초조하게 생각하지 말고 우선 바뀐 환경에 적응하는 연습부터 해 나가는 것이 필요하다. 인생은 그 자체가 연습 아닌가? 우선 느림의 시간을 가져 보자. 그리고 여유로움의 시간을 즐겨 보자. 집안 일을 돕더라도 천천히 해 보자. 걸음도 천천히 걸어 보자. 술을 먹을 때도 한 잔 따라 놓고 얘기를 많이 해 보자. 그러면서 천천히 마시자. 이런 습관은 건강에도 좋은 것 아닌가. 기다릴 줄 아는 방법을 알고 있는 것도 능력이다.

 ## 안분지족(安分知足)하라

쓸쓸이도 줄이고 주어진 형편에 맞게 살아가자. 사람에 따라서는 체면과 위신을 너무 따지는 사람도 있지만 그럴 필요가 없다. 주어진 조건에 맞추어 즐기면서 살면 되는 것이다. 없는 것을 있는 것처럼 할 필요도 없고 있으면서도 없는 것처럼 살 필요도 없다. 주어진 조건에 맞추어 살면 되는 것이다. 이것이 안분지족 아니겠는가?

생활방식도 소득에 맞게 바꾸어야 한다. 살아가는 데 자가용이 꼭 필요한 사람도 있지만 퇴직한 경우에는 그렇지 않은 경우가 많다. 요즘에 차가 없는 집은 별로 없다. 사람들은 차가 없으면 불편하리라 생각한다. 그렇지 않다. 대중교통이 좋아져서 차가 없어도 별 불편을 느끼지 않는다. 오히려 주차 걱정, 날씨 걱정 안 해서 좋다. 그래도 간혹 차가 필요할 때가 있다. 그렇다고 가끔의 필요를 위해서 차를 살 필요는 없지 않은가? 자기 차가 없어서 어디 다니지 못하는 것이 아니다. 대중교통을 이용하면 전국 어디에도 편히 다녀올 수 있다. 승용차가 있더라도 약속이 있는 경우에는 전철이 더 정확하고 편리하다.

건강을 위해 일부러 시간을 내어 운동하는데 대중교통을 이용하면 별도로 운동할 필요가 없다. 대중교통을 이용하는 자체가 운동이다. 대중교통을 이용하다 보면 걷는 경우가 많아지고 차를 타더라도 좌석이 없으면 붙잡고 경우에 따라서는 매달리게 되는데 그런 것이 운동 아니겠는가? 安分知足은 마음의 자세에 달려 있다.

 직장에 다닐 때와 같이 행동하라

직장이 없다고 지나치게 기죽을 필요는 없다. 이웃이나 지인들의 눈치를 볼 필요도 없다. 자기와 비슷한 나이 또래 사람들이 직장에 다니거나 일을 하고 있는 것을 보고 부러워할 필요도 없다. 자신도 얼마 전까지 그 사람들과 똑같이 열심히 일한 사람이다. 세상은 모르는 것이다. 자기가 지금 초라하게 보일

지라도 앞날에 더욱 잘될 수 있을지 모르기 때문이다. 자기가 움츠리면 가족이 움츠린다. 어려움에 처했을 때 필요한 건 그 것을 극복하려는 불굴의 의지와 용기이다. 그렇다고 위선은 보이지 마라. 어려우면 어렵다고 말해라. 비록 도움이 되지 못할지라도 사실을 숨길 필요는 없다. 집에 있다 보면 나태해지고 게을러지게 마련이다. 나름대로 일정표를 짜고 거기에 맞추어 행동하라.

 건강관리는 인생의 투자이다

자기의 체력과 상황에 맞는 운동을 개발하라. 운동은 마음먹기에 따라서 아주 쉽게 할 수 있다. 집 안에서도 할 수 있다. 기체체조나 맨손체조는 실내에서 아주 조용하게 할 수 있다. 운동할 마음만 있으면 주어진 체력조건이나 상황에 따라서 언제, 어느 곳에서든 할 수 있다. 실직 시에 운동은 가장 바람직한 투자다. 시간이 있을 때 건강을 다져 놓아야 직업이 생겼을 때 일을 할 수 있다. 운동을 할 때는 몸속의 혈액이 한 바퀴 돌 정도는 해야 한다. 옹달샘의 물도 바닥까지 퍼 주어야 맑은 샘물이 고이듯이 운동도 땀이 날 때까지 하는 것이 좋다고 한다. 그래야 운동다운 운동을 한 느낌도 든다. 실직 때의 건강관

리는 새로운 인생의 투자임을 잊지 말자.

 ## 조직의 힘과 개인의 능력을 혼동하지 마라

직장에 다닐 때는 조직의 힘이 자기의 능력인 것처럼 착각한다. 그러나 퇴직하고 나면 그 조직의 힘이 얼마나 컸던 것인가를 새삼 느끼게 된다. 자연인, 개인으로 돌아왔을 때 자기가 할 수 있는 일이 과연 얼마나 되는지 자신의 능력을 새삼스럽게 깨닫게 된다.

퇴직은 자기가 몸담았던 조직으로부터 이탈되는 것이다. 경우에 따라서 자기만 홀로 고도에 떨어진 듯한 느낌이 들 때도 있다. 아무 일 없었듯이 다시 그 조직의 일상으로 돌아가기는 어렵다. 아니, 갈 수 없다. 때문에 화려했던 시절은 잊어버려라. 직장생활에서 얻은 경험과 지식이 자기의 남은 인생에 도움이 되도록 활용하는 슬기를 발휘하자.

 ## 희망은 자신이 만들어 가는 것이다

　겨울이 오면 봄은 반드시 온다. 어둠이 오면 밝음도 있게 마련이다. 아무리 긴 터널도 끝이 있게 마련이다. 비나 눈이 오고 나면 하늘은 맑아진다. 폭풍우나 태풍이 지나고 나면 하늘은 더욱더 맑고 공기도 상쾌하다. 밤이 아무리 길어도 아침이면 분명 해는 다시 떠오른다. 이것이 어려움 속에서도 삶을 살아 가는 이유이다. 오늘의 삶이 어렵더라도 미래까지 포기해서는 안 된다. 운명은 스스로 개척하는 자의 것이다. 오늘이 가면 내일에 다시 태양이 떠오른다는 평범한 진리를 잊지 말자.

제
4
장

실업, 그 대책은 없는가?

베이비붐 세대의 퇴직이 시작됐다

베이비붐 세대란 전년도에 비해 인구 출산율이 급격히 증가하기 시작하여 일정 기간 지난 이후 출산율이 뚝 떨어진 기간 중 태어난 사람들을 말한다. 한국의 베이비붐 세대는 1955∼1963년에 태어난 현재 47세에서 55세의 연령층이다. 6·25 한국전쟁 이후에 출생해서 1962년 1차 경제개발 5개년 계획을 시작한 그 이듬해 기간 중에 태어난 사람들이다.

이들 인구는 2010년 기준 721만 명으로 총인구의 14.6%를 점유한다. 부동산의 40%대, 주식의 20%대를 점유할 만큼 시장 영향력도 막강하다. 이들이 지금 퇴직하고 있다. 외형상 굳건해 보이는 이들의 미래는 뿌연 안갯속이다. 원인은 크게 봐서 두 가지이다. 예상보다 빠른 퇴직과 자식에 대한 책무이다. 우선 은퇴연령을 보면 미국이나 일본보다 빠르다. 제2차 세계 대전 이후에 태어나 경제적 풍요를 누린 미국 '베이비 부머'(1946~1964년 출생)나 일본 '단카이(團塊) 세대'(1947~1949년 출생)보다 일찍 퇴직하고 있다. 한국의 베이비붐 세대들은 아직 젊은 나이이고 또한 노후대비를 제대로 하지 못한 상황에서 퇴직을 맞고 있다.

우리나라의 정년 연령은 대부분 55세에서 58세이다. 그러나 정년까지 근무하는 사람들이 많지 않다. 오히려 사회에서는 사오정(45세 정년을 생각) 시리즈가 유행되고 있는 현실을 고려하면 베이비붐 세대들의 퇴직은 이미 몇 년 전부터 시작되었다. 이들의 퇴직이 염려되는 것은 개인적인 문제, 더하여 사회적으로 고령화 시대에 맞물려 있기 때문이다.

또 다른 하나는 자식에 대한 책임의식이다. 통계청 조사(2010.4)에 의하면 한국 베이비붐 세대의 의식을 들여다보면 99%가 자녀의 대학교육비를, 90%는 결혼비용까지 지원해 주는 걸 당연하게 여긴다. 분명히 부모의 직무는 아이들을 제대로 키우는 것과 교육을 시키는 것이다. 그러나 높은 교육열은 또 다른 문제를 낳고 있다. 과잉 대학진학률이 그러하고 나아가 등록금 등 교육비 부담이 가정경제를 어렵게 한다. 이런 상황이다 보니 많은 사람들이 노후준비를 할 수 없다. 부모들의 높은 교육열이 과거 고도 성장기에는 경제성장의 동력역할을 했지만 지금은 다른 사회문제와 얽혀 복합증후군을 유발하고 있다. 퇴직 이후에도 자식의 교육비를 부담하여야 하는 상황이다.

우리의 고유 전통은 성년이 되면 자식들이 오히려 부모를 봉양하는 것이 전통적이었다. 이런 전통이 어느 새 사라지고 요즘에는 교육비에 더하여 결혼비용까지 부모의 책임이 되고 있다. 물론 이렇게 된 데에는 다양한 요인이 있을 것이다. 그럼에도 이런 의식구조의 확산은 바람직하지 않다. 성인이 된 자식을 과도하게 감싸고도는 것은 자식의 미래를 위해서도 바람직하지 않다. 자기 문제는 자기가 해결하도록 해야 한다. 오히려 노후대책 없이 직장을 떠나는 자신들의 문제부터 해결하는 것이 순서이다.

우리나라에서 베이비붐 세대는 성장단계마다 경제발전의 촉매제 역할을 해 왔다. 그들이 성장하는 단계마다 시장을 창출하고 경제발전에 기여했다. 유년기에는 유아산업을 창출했고 취학 연령대에 들어서는 학습 관련 산업과 아동 관련 산업의 활황을 유발했다. 이들이 문제 될 수 있었던 시점인 취업적령기 때에는 우리 경제가 높은 성장을 하는 단계였기 때문에 이들 인력이 무리 없이 소화될 수 있었다. 오히려 인력문제를 해소하는 데 기여했다.

우리 경제발전에 기여한 베이비붐 세대가 이제는 실업과 맞물려 사회적 문제로 등장하고 있다. 노후대비가 충분치 못한 상황에서 퇴직을 맞고 있기 때문이다. 이들은 아직 국민연금

등 사회보장의 수혜대상도 아니다. 국민연금은 만 60세가 지나야 받을 수 있다. 물론 55세가 지나면 특례적용을 받을 수 있지만 이들은 그 연령대도 아니다. 가정적으로는 아직 현금수요가 많을 나이이다. 아이들이 장성한 경우도 있지만 학생들인 자녀도 적지 않은 연령대이다. 소득창출이 여의치 않은 상황에서 60세까지 국민연금이나 건강보험료 내는 것도 고민해야 한다. 이렇듯 이들은 불안하다.

문제는 이런 상황을 알면서도 대처방법이 신통치 않다는 데 있다. 대안으로 제시되는 것이 정년 연장이지만 현재도 지켜지지 않는 상황에서 기대할 것이 못 된다. 일부 기업에서 정년을 지켜 주거나 연장하는 대신 '임금 피크제도'를 시도하고 있지만 이것도 아직 일반화되지 못하고 있는 상황이다. 적정한 일은 주지 않고 급여만 주기 때문이다. 기업들은 '임금 피크제도'를 보다 적극적으로 검토해야 한다. 이들의 경험과 노하우를 기업 내에 전수받고 활용할 수 있도록 해야 한다.

한국의 베이비붐 세대는 풍요와 고통을 모두 겪은 세대이다. 이들은 '80년대에 직장에 들어오기 시작했다. 이 시기는 경제발전중심에서 사회발전도 함께 고려하는 시대로 전환되기 시작한 때이다. '경제개발계획'의 명칭도 '경제사회발전계획'으로 바뀐 시대이다. 이들이 사회생활을 하기 시작한 때는 사회발전에 대한 기대가 높아지는 상황이었다.

한편 이 시기는 3저 현상으로 경제호황을 맞이하는 우리 경제사에서 황금기였다. 물가 안정하에 경상수지는 흑자를 이룩했다. 이 당시 연속 3년의 경상수지 흑자는 경제발전사상 처음이었다. 이렇듯 3저 호황은 우리 경제에 자신감을 불러일으키는 동인으로 작용했다. 국민소득의 증가는 정치민주화를 앞당기는 계기로도 작용했다.

3저 호황과 맞물려 나타난 정치사회적 변혁은 한 시대를 마감하고 또 새로운 시대로 나가는 분기점이었다. 이 시기에 이들은 정치민주화 과정을 경험했고 격렬한 노사분규를 현장에서 직접 보고 겪었다. 그 와중에서 '서울 올림픽'도 성공적으로 마무리했다. '90년대 후반에는 외환위기로 촉발된 IMF 경제위기를 몸으로 체험했다. 하지만 그 여파가 경제의 불안정으로 이어지면서 지금까지 후유증을 앓고 있다.

이런 가파른 시대변화는 이들에게 미래를 준비할 시간을 주지 않았다. 각자 개인으로서는 나름대로 노력했으나 사회변화가 이들에게 노후를 대비할 만한 시간 여유를 주지 않았다. 이런 상황에서 이들이 지금 퇴직을 맞고 있다. 이들은 가정적으로도 '낀 세대'이다. 부모를 오래 부양하고도 정작 자신들은 자녀들에게 노후를 기댈 수 없는 상황이다. 자식들이 부모를 모시고자 하여도 아직 경제적 능력을 갖출 나이가 되지 못한 경우가 대부분이다. 이것이 노후 생활의 불안정성을 높게 하는 또 다른 이유다. 아이들의 의식구조도 이들이 자라던 시대의 생각이 아니다.

지금 한국의 '베이비붐' 세대에게 주어진 문제는 쉽게 해결될 상황이 아니다. 일정 부분 정부가 역할을 할 수 있지만 한계가 있다. 그렇다면 자기 스스로 해결하여야 한다. 자기들이 지금까지 축적한 지식과 노하우 그리고 기술 등 능력을 발휘하여 스스로 제2의 인생을 가꾸어 나가야 한다. 기술 있는 일본의 '단카이' 세대들이 한국이나 외국에서 일자리를 얻듯이 우리도 자기가 지금까지 축적한 지식과 능력을 펼칠 기회를 국내뿐만 아니라 외국에서도 찾아보아야 한다. 우리나라 직장에서 일했던 그 열정이라면 세계 어느 곳에 가서도 살아갈 수 있다. 스스로 사업을 구상할 수도 있다. 적극적인 사람은 실버산업이나 미래산업에 도전할 수 있다. 농촌으로 돌아가 일을 할 수도 있다. 지방자치단체도 이들을 유치하고 있다. 제2의 인생의 행복은 도전하는 자의 것이다. 이들은 분명히 할 수 있다. 주어진 난관을 극복할 수 있다. 지금까지 이들이 살아온 과정이 그러했기 때문이다.

인간적 관계 자산을 넓히고 이를 활용하라

    개인의 인생사는 대부분 사회적 인간관계에 의해 결정된다. 그래서 서로가 좋은 인적 네트워크를 만들려고 한다. 오늘날에는 좋은 인적 네트워크를 인간적 관계 자산(relationship assets)으로 부르기도 한다. 인간적 관계 자산이란 다의적 개념이다. 인간관계를 중심으로 보면 사람 사이의 관계를 좋게 하여 서로 도움을 주고받는 것이라 할 수 있다. 사람 간의 좋은 네트워크가 자산이 된다는 뜻이다. 인간적 관계 자산 형성은 오랜 시간 서로가 알고 교류를 주고받으면서 신뢰가 형성되어야 한다. 그래야 인간적 관계 자산이 될 수 있고 좋은 인간관계를 형성할 수 있다. 원래 좋은 인간관계 형성에는 은근과 끈기를 필요로 한다. 결과적으로 인간관계의 자산이 많아지면 사회발전도 이루어진다. 인간적 관계 자산은 신뢰에서 가능하고 또한 사회발전의 촉매역할을 하는 점을 고려하면 이는 사회적 자본이라고도 할 수 있다.

인간적 관계 자산은 자기의 지위에 따라서 대상이 다르고 내용도 다를 수 있다. 학교동문이나 어릴 적 친구들은 기본적인 인간관계 자산이다. 요즘 인간관계 자산은 직업에 따라 달라진다. 회사의 경영자라면 기업경영에서 불가피하게 만나는 사람들이 모두 관계 자산이라 할 수 있다. 외부적으로 고객은 물론 관련 분야 전문가, 정책을 다루는 공무원, 법을 만들고 개정하는 국회의원 등이 모두 인간적 관계 자산일 수 있다. 내부적으로 임직원 그리고 원활한 노사관계를 유지하기 위한 노조 등이 관계 자산이라 할 수 있을 것이다. 물적 자산의 측면에서 보면 회사와 관계있는 모든 자산을 통칭할 수 있을 것이다. 경영자는 인적 자산, 물적 자산을 모두 잘 관리해야 한다. 정치인은 좋은 유권자가 제일 중요한 관계 자산이다. 물론 동료의원과 당료, 정무직 공무원도 좋은 인간관계 자산이다. 일반인들은 어려울 때 대화상대가 되고 자기보다 나은 직위에 있는 사람을 '멘토'로 두고 있다면 좋은 인간관계 자산이라 할 수 있다. 그러나 융합·복합시대의 흐름을 보면 다양한 사람들을 알고 지내는 것이 좋다. 융·복합시대에 맞는 인적 네트워크를 형성하는 것이 좋다.

새로운 직장을 찾고 있는 퇴직자에게 인간관계 자산은 중요하다. 현직에 지인들이 많다면 좋은 관계 자산이라 할 수 있다. 실업자가 많은 상황에서 이런 인적 관계 자산은 취업에도 도움이 된다. 자기가 취업을 희망하는 회사에 친구나 친지들이 근무하고 있다면 그들이 알려준 그 기업의 문화나 정보로 취업을 준비하면 유리하기 때문이다.

우리나라는 전통적으로 지연, 학연, 혈연 등 인맥을 중시하는 사회이다. 취업을 할 때도 회사에서 승진할 때도 이런 인맥이 많이 작용했다. 소위 연고주의가 작동한 것이다. 그러다 보니 이런 인맥 형성이 중요한 자산이 되었다. 사회생활에서 인간적 네트워크가 중요한 관계 자산이 되면서 우리는 어떤 계기가 되면 지속적으로 인간관계망을 형성하려고 한다. 취미가 같은 사람끼리 동호회를 결성하기도 하고 하다못해 단체로 짧은 여행을 갔다 와도 모임을 만든다. 그러나 사적인 인간관계가 공적인 일에도 연계되면서 부작용도 나타났다. 능력보다 인간관계와 같은 정실주의가 나타난 것이다. 한때 기업들은 이런 부작용을 방지하기 위하여 이력서에 학력이나 본적을 기재하지 않는 방법을 쓰기도 했다.

그러나 사회가 투명해지고 경쟁이 심화되면서 전통적인 인맥의 중요성도 변화를 하고 있다. 나아가 인터넷으로 대변되는 정보화 사회가 되면서 모임의 양태도 변하고 있다. 지연이나 학연이 아니더라도 인터넷을 통하여 모임이 형성된다. 서로 모르는 사람끼리라도 같은 취미활동이나 목적으로 만난다. 다양한 모임들이 인터넷을 매개로 하여 이루어지고 있다. 이러다 보니 전통적인 지연이나 학연과 다른 양태의 인간관계가 형성되고 있다. 전통적인 인맥 형성은 그 학교를 졸업하거나 그 지역 출신이라는 주어진 조건에 해당되어야 인맥을 쌓을 수 있지만 인터넷을 매개로 하는 모임은 이런 것을 뛰어넘는다. 전통적인 인맥이 폐쇄적이고 수동적이라면 인터넷을 매개로 하는 인맥은 개방적이고 능동적이다. 이렇듯 지식·정보화 시대가 됨에 따라 종전의 부정적인 의미의 인간관계 자산도 긍정적으로 작동하기 시작했다.

세상이 어떻게 변화하더라도 사회생활에서 다양한 인맥관계 형성은 살아가는 데 도움이 된다. 많든 적든 인간관계에 의하여 일이 결정되는 경우가 많기 때문이다. 이런 연유로 각 대학이나 경제단체의 최고경영자 과정에 사람들이 몰려들고 있다. 사업이 되다 보니 너도나도 달려들어서 이런 과정을 운영하다 보니 경영의 어려움이 나타나기도 한다. 그래도 최고경영자 과정은 줄어들지 않고 있다. 그만큼 수요가 있기 때문이다. 수강생들은 빠르게 변하는 환경에서 새로운 지식을 배우려는 욕구도 있지만 그보다는 새롭게 인간적 관계를 맺으려는 목적 때문에 과정에 입학하는 경우도 많다. 일생으로 보면 대부분 한두 과정을 듣지만 사람에 따라서는 여기저기 들으면서 이 과정을 적극적으로 활용하는 사람도 있다. 모두 인간관계를 넓히려는 시도에서 시작된 것이다. 또한 교육과정에서 나누는 다양한 얘기도 중요하다. 여기에서 개인이나 사업에 중요한 정보를 얻기도 한다. 현대사회에서 정보는 매우 중요하다. 주는 사람의 입장에서는 공개된 것이기 때문에 정보도 아니지만 받는 입장에서는 모르는 것을 알려 주면 그것이 귀한 정보가 된다. 새로운 직장을 찾는 퇴직자들에게 어느 회사에서 사람을 뽑는다는 정보를 알려 주면 그 자체가 중요한 정보이다. 여기에 그 회사의 기업문화와 무슨 목적과 이유로 사람을 채용하려고 하는지를 알려 주면 그것은 가치 있는 정보가 되는 것이다.

실업이라는 것은 누구에게나 오는 것이다. 그러기 때문에 너무 움츠러들 필요가 없다. 그래서 퇴직한 사람들은 움츠리지 말고 오히려 적극적으로 여러 모임에 참석하여 교류의 폭을 넓혀야 한다. 여기에서 새로운 정보를 얻게 되고 잘되면 취업까지 연결될 수 있다. 좋은 모임에도 참석할 수 있다.

현직에 있을 때 퇴직과 노후에 대비하라

    현재 직장에 다니는 사람들에게 퇴직은 남의 일처럼 느껴진다. 이런 생각은 젊은 사람일수록 그렇다. 당연하다. 젊은 사람에게는 할 일이 많다. 그러나 이런 여유 있는 시간은 길지 않다. 경기변동의 빈도가 심해지고 산업구조의 변동주기가 짧아지면서 경제의 불확실성이 높아지고 있다. 특히 세계가 경쟁의 장이 되면서 좋은 기업이 하루아침에 어려움을 겪는 경우도 나타나고 있다. 괜찮은 직장이라고 해서 한 번 입사했다고 정년까지 보장되는 것이 아니다. 이 영향으로 최근에는 젊은 사람도 퇴직걱정을 하는 사람이 늘어나고 있다. 좋은 직장을 찾아 자발적으로 이직하는 사람도 있지만 본의 아니게 회사 사정으로 퇴직하는 경우도 적지 않기 때문이다. 이런 상황에서 퇴직의 문제는 누구에게나 올 수 있다.

불확실성이 높을수록 미래를 대비하는 현명함이 요구된다. 젊은 사람은 환경변화에 대응할 수 있는 자기 능력 개발에 힘써야 한다. 능력 개발은 중장년층도 마찬가지로 중요하다. 노후대비도 함께 해야 한다. 자기가 지금 한창 잘나가는 상황이라도 퇴직 후를 생각하고 대비해 나가야 한다. 정년제가 있다고 하여도 정년까지 일하는 경우는 많지 않기 때문이다. 퇴직은 갑자기 올 수 있다. 이런 날에 대비하는 지혜가 필요하다.

현직에 있을 때 퇴직을 대비하기란 정말 어렵다. 우선 심리적으로 안정감이 있기 때문에 구태여 불확실한 미래 걱정으로 불안감을 조성할 필요가 없다는 생각이 암암리에 작용한다. 퇴직을 대비하여야 하겠다고 생각하는 사람도 막상 대비를 하려면 시간 여유가 없다. 주어진 직무에도 시간이 모자라 쫓기는 상황인데 불확실한 미래까지 생각하라니 말도 안 되는 소리라고 치부한다. 오히려 퇴직을 대비하여 준비하는 사람은 능력이 떨어져서 불가피하게 퇴직을 해야 하는 사람들로 생각한다. 그러나 퇴직은 어느 날 갑자기 온다. 경제상황이 좋지 않을 때 그럴 가능성은 높아진다. 그러나 대비를 하려고 해도 여러 가지가 여의치 못하다. 그런 상황에서 시간을 보내다가 퇴직을 맞는다.

퇴직하고 나서 그제야 왜 현직에 있을 때 퇴직준비를 하지 못했나 하고 후회한다. 그러나 이미 지난 일이다. 퇴직을 하고 나서 보면 재직 중에 준비한 사람과 준비 없이 맞이한 사람과는 받아들이는 자세가 다르다. 재직 중 바쁜 시간 속에서도 틈틈이 짬을 내어 준비한 사람은 계획대로 일을 추진해 나가지만 갑자기 퇴직을 맞은 사람은 무엇을 하여야 할지를 모른다.

미래를 준비하는 사람은 소리·소문 없이 한다. 퇴직을 대비해 펜션을 짓고 운영하겠다고 생각한 사람의 얘기를 들어 보면 무엇인가 남다른 노력이 있다. 남이 잠잘 때 하루에 몇십 분이라도 생각하고 관련 지식을 쌓았다고 한다. 주말에는 건축학교에 다니기도 하고 땅을 알아보러 다니기도 했다. 일로 생각하지 않고 머리도 식힐 겸 가족과 함께 시골정취도 느끼면서 즐거운 생활을 하려는 자세로 다녔다고 한다. 이렇게 몇 년 지나고 나니 이 부문에 대해 눈이 뜨이고 이제 무엇을 할 수 있다는 그림이 그려지기 시작했다. 땅도 사 놓았다. 어느 정도 준비를 하고난 뒤 공교롭게 퇴직을 맞았다. 그래서 곧바로 펜션을 짓고 운영을 하기 시작했다고 한다.

또 한 분은 무역업을 하던 사람인데 갑자기 방향을 바꾸어 버섯농장을 하고 있다. 그는 어릴 때부터 농장을 하고 싶어 했다고 한다. 나이가 들면서 사업이 어려워지자 버섯농장을 하여야겠다고 마음을 먹었다. 마음의 결정을 하면서 이 분야 전문지식을 갖기 위해 방송통신대학에 등록도 했다. 공부하는 과정에서 주말이면 실제 버섯농사를 지어 보면서 시행착오를 겪기도 했다. 다행히 공부하는 과정이라 많은 분들한테 도움받기가 쉬웠다고 한다. 학교를 졸업하면서 하던 사업을 접고 본격적인 버섯농사를 짓기 시작했다. 사전에 준비를 많이 한 때문에 큰 시행착오 없이 농장을 경영하고 있다. 지금은 퇴직한 친구들이 모이는 장소가 되었다고 한다. 농장에서 친구들이 모이다 보니 구태여 친구 만나러 시간 낼 필요도 없어졌다. 오히려 바쁠 때는 이들이 도와주어서 좋다고 한다.

퇴직은 예고하고 찾아오지 않는다. 어느 날 갑자기 온다. 특히 중장년 사람들은 이런 때를 대비하여 어렵더라도 재직 시에 조금씩 준비하는 현명함이 요구된다.

'임금피크제도'는 실업을 줄이는 방법이다

우리나라는 지금 정년도 채우지 못한 조기퇴직이 일상화되고 있다. 산업구조가 바뀌고 패러다임이 바뀌는 시대에서 나타나는 현상이다. 시대를 잘못 만난 것이다. 예상치 못한 조기 퇴직으로 이들은 갑자기 소득이 없는 실업자가 된 것이다. 젊은 나이에 맞는 실업은 소외감과 스트레스를 유발하고 이는 다시 건강악화를 가져오고 지나치면 우울증에 빠지기도 한다. 그러나 이럴 때일수록 자신을 추스르는 자세가 필요하다. 한때의 어려움으로 실망하거나 좌절할 필요는 없다. 시야를 좀 길게 보면 상황은 바뀌게 마련이다.

지금은 경기가 회복될 기미를 보이고 있지만 고용이 크게 늘어나기는 어려운 상황이다. 산업구조의 변동과 기계화 및 자동화, 여기에 정보통신기술의 발전으로 경기가 좋아져도 고용이 크게 늘어날 수 없는 구조이다. 고용유발계수가 높은 서비스 산업도 마찬가지이다. 갑자기 경쟁력이 높아질 수 없는 상황에서 경기가 살아난다고 해도 고용이 비례해서 늘어날 수 없는 상황이다. 그럼에도 서비스 산업에서의 의미 있는 변화는 부가가치가 높은 과학기술 지원서비스 부문에서 고용이 늘어나기 시작한 점이다. 반면 지금까지 서비스산업의 고용을 주도하던 음식·숙박업 등에서는 감소하고 있다.

지금 우리 사회에서는 미래의 인구감소를 걱정하고 있지만 현재의 시점에서 보면 생산가능 인구(15~64세)가 가장 많은 시기이다. 그래서 실업자 수도 실업의 고통도 큰 것이다. 인구구조 변동의 측면에서 보면 현재는 인력이 남아돌고 있지만 머지않아 다시 인력 부족 현상이 올 가능성이 높다. 그 시기는 10년도 채 안 된다. 출산율 감소와 고령화의 가속화 때문이다. 실제 특별한 변화가 없는 한 2016년을 기점으로 생산가능 인구는 감소할 것으로 전망된다.

이런 상황에 대비해서 오늘의 실업률을 조금이라도 낮추고 미래 예견되는 인력 부족 문제에 대해서 지금부터 대비하여야 한다. 그 방안의 하나가 '임금피크제도'이다. '임금피크제도'란 임금과 피크(peak)의 합성어이다. 일의 성과가 가장 높을 때 받던 임금을 기준으로 일정 연령이 되면 그보다 임금을 적게 주는 대신 근무 기간을 연장하거나 정년을 보장하는 제도를 의미한다. '임금피크제도'의 필요성은 1990년대 후반 외환위기로 촉발된 경제위기 이전부터 있었다. 그러나 그때는 일부 문제제기만 있었지 실질적 진전이 없었다. 시간이 가면서 청년실업과 함께 정년 이전에 퇴직하는 조기 퇴직자가 늘어나면서 본격적으로 논의되고 있다.

우리나라 정년제도 역시 1997년 말 외환위기로 촉발된 경제위기 시에 IMF가 구제금융을 해 주면서 요구한 프로그램을 이행하면서 유명무실해지기 시작했다. 이때 인력감축은 구조조정이라는 이름으로 폭풍처럼 몰아붙였다. 그 이후에도 기업들은 글로벌 경쟁의 심화와 경쟁력 제고를 명분으로 지속적으로 인력조정을 해 옴으로써 정년제도의 의미는 많이 퇴색했다. 그러다 보니 45세 정년이라는 '사오정' 얘기가 현실이 되고 있다. 이에 따라 근로자들의 직업 안정성은 크게 취약해졌고 정년까지 근무하는 사람은 모든 사람이 부러워하는 대상이 되었다. 정년까지 근무하는 것이 당연한 현상인데도 불구하고 아주 예외적인 현상이 되어 버린 것이다.

우리나라에서 40대 중·후반의 나이는 인생에서 돈이 가장 많이 들어가는 때이다. 자식들은 한창 고등학교나 대학에 다닐 때이고 가족관계, 친인척 관계를 비롯한 사회관계에서도 돈이 많이 들어갈 연령대이다. 이렇게 경제적으로 많은 지출이 요구되는 시점에서 직장을 잃게 되면 당사자가 받는 고통은 헤아리기 어렵다. 이런 상황을 고려하면 '임금피크제도'는 바람직하다. 한창 지출이 많은 시점에서 소득이 있고 없고의 차이는 사람을 다르게 만들기 때문이다.

기업의 입장에서도 지금까지 훈련받고 생산성이 높은 사람들을 내보내는 것은 현명한 일이 못 된다. 사실 지식·정보사회에서 나이가 많다고 직장에서 나가라 하는 것은 자기모순이다. 40대라면 어느 직장이든지 직무에 숙련도가 높고 변화에도 대처능력이 높은 한창 일할 나이이다. 전문적 지식뿐만 아니라 경험적 지적 수준이 제일 높은 연령대이다. 그런데 이런 사람들을 나이가 많다고 나가라고 한다면 큰 인력의 손실이다.

오늘날 40~50대의 사람들은 옛날과 다르다. 신체도 건장하고 근면·성실한 자세를 갖고 있다. 오히려 그동안 경험에 의한 노하우나 기술이 축적되어 있고 환경변화에 적절히 대응하는 지혜와 슬기도 갖고 있다. 이런 사람들을 일터에서 나가라는 것은 조직과 사회의 자산 상실인 동시에 개인에게는 좌절감을 안겨 주는 것이다. 이런 사회적 문제를 조금이라도 완화시킬 수 있는 것이 '임금피크제도'이다.

중장년층의 실업문제는 청년실업 문제 못지않게 사회적으로 중요하다. 이런 의미에서 '임금피크제도'는 조기 퇴직하는 40대는 물론 50대 이상 장년층의 실업을 어느 정도 완화할 수 있다. 잘만 운용하면 기업이나 근로자 모두 도움이 될 수 있다. 기업에서는 인건비의 부담을 덜 수 있을 뿐 아니라, 한 직종에서 평생을 보낸 사람들의 풍부한 경험과 노하우를 계속 활용할 수 있다. 기업은 임금조정을 통해 절약한 인건비로 젊은 사람을 더 고용할 수 있다. '임금피크제도'는 운영 여하에 따라서 청년실업과 중장년층 실업률을 동시에 낮출 수 있는 방법이다. 그러나 현실은 장밋빛 그림만 있는 것은 아니다. 오히려 그 역기능도 나타날 수 있다.

모든 제도가 그러하듯이 '임금피크제도' 역시 칼의 양날과 같다. 어떻게 운용하느냐에 따라 그 결과가 달라진다. 실업률을 낮추고 생산성도 유지할 수 있는 장점을 갖고 있지만 운용에 따라서는 장점은 사라지고 부작용만 노출될 수 있다. 임금조정을 통한 중장년층의 고용안정을 기하고 절약한 재원을 가지고 청년 일자리를 만드는 것이 아니라 이를 핑계로 임금 삭감수단으로 활용될 수 있다. 그러나 이런 문제는 사전에 대책을 강구하면 예상되는 부작용은 방지할 수 있다.

'임금피크제도' 도입 과정에서 노사갈등 소지도 있다. 노사간 인식 차이 때문이다. 아직 우리 사회에서는 '임금피크제도'에 대한 인식이 충분하지 않아서 노사 간 쟁점으로 등장할 가능성도 있다. 실제 노사문제에서는 사소한 문제가 일을 그르치게 한 경우가 많다. 때문에 이 문제는 세심한 주의를 기울이고 점검한 뒤 토의를 진행해야 한다. 우선 '임금피크제도'에 대한 정확한 인식이 필요하다.

지금 우리 사회에는 임금피크제도가 청년들의 일자리 기회를 줄이는 것이 아니냐는 의구심을 갖고 있는 사람이 많다. 그러나 이런 의구심은 임금피크제도를 정확히 이해하지 못한 데서 발생한 것이다. 앞서 기술한 바와 같이 임금피크제도는 오히려 기존 인건비를 줄임으로써 청년들의 신규고용을 늘릴 수 있다는 점을 간과하고 있다. 여기에 청년세대와 장년층 세대 간의 직장과 직무가 차별적이라는 점에서도 임금피크제가 청년실업을 심화시키는 요인이 될 수 없다.

현대경제연구원(2010.4)의 자료에 의하면 청년세대와 베이비붐 세대 간에 선호직장과 직무가 차별적임을 밝히고 있다. 장년층과 청년층의 구직 선호도를 보면 청년층은 공무원이나 공기업, 대기업을 선호하는 반면 고령자들은 500인 이하 중견기업과 중소기업을 선호한다. 이렇게 구직 선호도가 다르다. 구인난을 겪고 있는 중소기업에서는 장년자들이 큰 도움이 되고 있다. 또한 직무에서도 청년들은 사무종사직, 전문직을 선호하지만 장년층들은 기능직 및 관련 기능종사직, 장치기계 조작 및 조립 종사직 등에 많다.

이런 점을 볼 때 임금피크제 도입으로 인한 청년들의 일자리 감소 걱정은 상대적으로 과대평가된 면이 있다. 기업들의 신규 고용효과를 보면 임금피크제를 도입한 민간 기업에서 2005년 대비 2007년에 평균 20.3명의 신규 고용이 늘어났고 미도입 기업에서는 평균 17.9명이 감소한 것으로 나타났다.

지금 우리나라에서 논의되고 있는 임금피크제도는 정년연장

차원이 아니다. 조기 퇴직 현상에 대한 대응책으로 최소한 임금조정을 통해서라도 일할 기회를 정년까지 보장해 주자는 것이다. 때문에 보는 관점에 따라서 인식의 차이가 클 수 있다. 노조의 입장에서는 근로조건의 불리한 변경이라고 생각할 수 있다. 부정적 입장에서 보면 사용자도 마찬가지이다. 경기침체로 그렇지 않아도 어려운데 여유 인력을 언제까지 갖고 가라느냐는 식으로 생각할 수 있다. 이렇게 생각해서는 아무것도 할 수 없다. 주어진 현실의 문제를 해결하는 방향에서 접근해야 한다. 사회적 문제가 되고 있는 중장년층 및 청년실업 문제에 초점을 맞추어야 한다. 이런 인식을 바탕으로 노사 간 합의가 이루어져야 하고 정부도 적극적으로 나서야 한다.

'임금피크제도'를 시행하기 위해서는 제도는 물론 교육·훈련 등 사전에 준비가 철저하게 이루어져야 한다. 기업으로서는 '임금피크제도'를 적용받는 사람들에게 종전에 하던 일을 계속시킬 것인가 또는 새로운 직무를 부여할 것인가 등에 대한 검토가 있어야 한다. 또한 직무책임을 분명히 해야 한다. 합리적이고 객관적인 직무평가에 바탕을 둔 성과급제도가 실행되어야 한다. 나아가 직무분석 등 다양한 인적 자원 관리기법이 개발되고 활용돼야 한다.

'계약근로제'의 활성화로 퇴직자의 일자리를 확대하자

'임금피크제도'가 현재 직장을 다니고 있는 사람들의 일하는 기간을 연장해 주는 것이라면 이미 퇴직한 사람들을 위한 방법은 없을까? 쉽지 않지만 '계약근로제'를 보다 활성화하면 도움이 되지 않을까 생각된다. 이 제도가 활성화된다면 퇴직인력의 일할 기회는 늘어날 것이다. '계약근로제'는 신분의 안정성이 낮은 비정규직이지만 찾아보면 분명 수요는 적지 않을 것이다.

지금 우리 사회에는 충분히 일할 능력이 있는데도 사업구조 조정 등 여러 가지 사유로 퇴직한 사람들이 많다. 중도 퇴직이나 정년퇴직한 인력은 그동안 직무를 수행하는 과정에서 그 분야의 전문가적 식견과 현장 경험을 가진 사람들이 적지 않다.

이 사람들에게 일할 기회를 주는 것은 개인 당사자뿐만 아니라 이들을 고용하는 기업이나 정부에도 도움이 된다. 기업이나 정부는 정규인력이 아닌 계약직 인력으로 수시로 발생하는 일시적 업무를 수행할 수 있기 때문이다. 물론 이 과정에서 재취업자들의 책임의식이 중요함은 재언을 필요치 않는다.

국민의 삶을 증진시켜야 할 책무를 지고 있는 정부의 입장에서는 경제적 참여에서 배제되고 있는 능력 있는 인적 자본의 재활용 측면에서 접근해야 한다. 2000년 들어서 강조하고 있는 바람직한 사회적 안전망은 생산적 복지이다. 생산적 복지는 일을 통하여 이루어진다. 따라서 퇴직자와 전문직을 대상으로 하는 '계약근로제'는 정부가 추진할 수 있는 바람직한 고용정책이면서 복지정책이기도 하다. 물론 여기에도 문제는 있다. 신분의 불안정이 높은 비정규직의 양산에 일조한다는 비난이다. 그러나 이런 비난보다 일을 하고 싶어 하지만 일자리가 없어 놀고 있는 사람들을 생각하면 이것은 판단과 선택의 문제이다. 사회적 문제로 보기보다 개인선택의 문제로 봐야 한다. 자기가 남는 시간에 일을 하고 싶어 하는 사람에게 기회를 막아서는 안 된다. 모든 일에는 어느 문제에 가치 우선을 두느냐에 따라서 달라진다. 퇴직자들에 대한 일자리를 제공하는 것이 현실적 과제임을 유념하면 그 우선순위는 자명해진다.

지금 우리 사회에는 실업자는 많은데 기업이 필요한 일손은 부족하다고 한다. 소위 인력의 '풍요 속 빈곤현상'이다. 특히 중소기업의 생산현장 인력 부족 현상은 외국인 근로자 고용으로 일부나마 보충하고 있다. 국내 중소기업들이 해외 인력을 선호하는 것은 낮은 인건비도 중요한 요인으로 작용하지만 기본적으로 국내 인력이 중소기업의 생산현장 근무를 기피하기 때문이다. 실제 중소기업의 입장에서는 국내 인력의 높은 인건비로는 경쟁력을 확보하기 힘든 것도 현실이다. 부족한 생산현장의 인력은 외국인 근로자로 대체한다고 하더라도 상당한 정도의 전문적인 지식과 직무경험이 요구되는 분야에는 이런 퇴직인력을 활용하면 기업도 좋고 계약직 근로자도 좋을 것이다.

현재 경제단체나 '중소기업진흥공단'에서 대기업에 근무하다 퇴직한 인력을 활용하여 중소기업 지원 사업을 하고 있다. 그 일을 보면 컨설팅이나 경영지도 사업에 머물고 있다. 기간도 비교적 단기이다. 경제단체가 하는 중소기업 지원 사업은 대·중소기업 상생 협력 차원으로 확대되고 있다. 대기업과 중소기업 간의 상생협력이 기업 경쟁력 강화를 위한 시장친화적인 경영전략의 하나로 추진될 필요가 있다는 데 공감대가 더욱 확산되고 있기 때문이다. 이미 기업에 따라서는 상생협력 전담부서를 설치하고 다양한 협력관계를 맺어 오고 있다. 자금·기술개발·경영혁신·인력·구매 등 경영 각 부문에서의 체계적 지원 등 상생협력의 시스템화가 이루어져서 상호 협력이 본격 추진되고 있다. 이런 사업이 보다 높은 성과를 내기 위해서 퇴직한 전문인력을 계약근로 형태로 일정 기간 중소기업에서 근무하도록 지원해 주면 좋을 것 같다.

이런 방법은 가능한 한 기업의 부담을 덜어 주는 방향에서 접근하면 어느 정도 호응이 있을 것으로 기대된다. 이를테면 근로계약 시 총액임금으로 하고 4대 보험 관련 사항은 기업이 부담하지 않고 본인들이 해결하도록 하는 방법을 고려할 수 있을 것이다. 프로젝트 베이스로도 계약할 수 있을 것이다. 이 제도의 활성화를 위하여 중소기업들이 전문인력을 쉽게 찾는 방법도 모색돼야 한다. 이것도 경제단체의 인력은행이나 인력정보센터를 보다 적극적으로 홍보하고 활용하면 가능할 것이다. 나아가 현재 정부의 고용안정센터에서 하고 있는 역할을 보다 발전시켜도 가능할 것이다. 데이터베이스화된 인적 자원을 관리하면 이를 활용하는 기업이나 공공기관은 물론 구직자에게도 도움을 줄 수 있다. 이렇듯 기업들이 이용하기 편리하고 경제적 부담을 덜어 주면 이 제도는 활성화될 수 있을 것으로 기대된다.

퇴직자 개인의 입장에서는 이런 일자리를 마다하지 않을 것이다. 이들에게는 소득의 크기도 중요하지만 더욱 중요한 것이 일자리이기 때문이다. 이들의 절박함은 일할 능력과 연령인데도 불구하고 일자리를 얻지 못해 겪는 고통이다. 때문에 이들에게 일자리 기회는 그 어느 것보다 중요하다. 일자리가 있는데도 조건이 맞지 않아 활용하지 않는 것은 개인이 선택할 문제이다.

이 제도가 활성화되려면 연령을 기준으로 하는 고용방법에 대한 인식이 개선돼야 한다. 일반적으로 사람들은 나이가 들면 근로의욕이 떨어진다고 생각한다. 그러나 많은 연구에 의하면 나이가 들면 기억력은 젊은 연령대에 비하여 떨어지지만 지혜는 오히려 늘어난다고 한다. 기업환경이 가파르게 변하는 상황에서는 오히려 이들의 역할이 돋보일 수 있다. 기업의 전략적 의사결정이나 행동에 이들의 역할이 기대되기 때문이다.

한편 정부의 적극적인 역할이 필요한 부분이 있다. 바로 후진국 지원 사업이다. 물론 현재도 '한국국제협력단'이 이런 일을 하고 있다. 우리나라는 짧은 기간에 경제를 발전시킨 세계에서 모범적인 나라이다. 따라서 그 노하우를 배우고자 하는 나라는 많을 것이다. 경제개발도상국이나 저개발 국가들은 이들의 경험과 노하우 전수를 기대하고 있다. 현장 경험이 많은 기술·기능 인력은 이들 국가에서 환영받을 것이다.

오늘날 우리나라는 경제규모로서 세계 15위이지만 세계에 기여하는 역할은 경제규모에 걸맞지 못하다는 얘기를 듣고 있다. 2008년 말 기준 OECD 국가 30개국 중 대외 원조액은 9억 달러로 국민총소득(GNI)의 0.09% 수준이다. 우리나라는 선진국 중의 선진국이라는 OECD개발원조위원회(DAC)에 24번째 회원국이 됐다(2009.11.25). 우리나라의 DAC 회원국 가입은 상징성이 크다. 원조를 받던 나라에서 이제는 원조를 하는 나라로 위치가 바뀐 지구상 유일한 나라이기 때문이다. 세계는 우리나라에 원조공여국가와 수원국 간의 연결고리 역할을 기대하고 있다.

　이러한 상황에서 후진국 프로그램 개발은 우리의 경제력에 맞는 방법이 될 수 있다. 또한 지원을 받는 국가의 입장에서도 써서 없어지는 현금이나 물자지원보다도 기술이나 노하우의 지원을 바랄 것이다. 그들은 고기가 아니라 고기 잡는 방법을 배워 스스로 고기를 잡기를 원하기 때문이다. 대외원조는 국가 전략 차원에서 추진돼야 한다. 경제적 이익을 넘어서 우리의 발전경험을 공유하고, 진심 어린 마음으로 다가서서 그들의 마음을 얻는 노력이 중요하다. 국내의 실업문제와 해외에서 요구하는 기술 및 노하우 지원을 연계시키는 것은 이런 의미에서 바람직하다.

노인 일자리 창출도 중요하다

우연찮게 탄 택시에서 희망을 발견했다. 78세의 개인택시 운전기사이다. 자기가 택시 운전을 하는 것은 돈보다 일을 하기 위해서라고 했다. 군에서 정년 퇴역한 후에 연금을 받으며 생활하다 보니 무료해지고 기력이 없어지더라는 것이다. 그래서 군에서의 주특기를 살려 개인택시를 운전하기 시작했다고 한다. 요즘에는 하루에 다섯 시간 정도 일을 한다고 한다. 일을 하고 나니 삶이 새로워졌다고 한다. 집에 있으면 천덕꾸러기가 되는데 이렇게 나와서 일을 하니 시간도 잘 가고 몸도 더 건강해졌다고 한다. 손자·손녀에게 용돈도 주고 특히 며느리에게 용돈을 줄 때 기분이 좋다고 한다.

구청이나 동사무소 또는 정보화 마을에서 시행하는 컴퓨터 교실에는 공부하는 노인들이 많다. 여기에 나오는 사람들은 정보화 시대에 뒤떨어지지 않기 위하여 배우러 나온 분들이다. 어느 분은 처음에 배울 때는 어려워서 따라가지 못해 몇 번이나 강의를 들었는지 모른다고 한다. 그런데 지금은 홈페이지를 만들고 관리할 정도의 실력을 갖고 있다. 컴퓨터를 배우고 나니 집에 있어도 심심하지 않고 나아가 손자·손녀들과 대화가 돼서 좋다고 한다. 컴퓨터를 다룰 줄 알게 되면서 사는 데 재미를 붙였다고 한다. 인터넷을 통하여 세상 돌아가는 것도 알 수 있고 시대의 변화도 따라갈 수 있다는 자신감도 생겼다고 한다. 컴퓨터를 배운 덕에 직업을 잡은 분도 있다. 무역업을 하는 한 분은 연세가 80이라고 한다. 지금도 컴퓨터 덕분에 가끔 무역을 해서 용돈을 벌어 쓴다고 한다. 컴퓨터 사용에 익숙하면 퇴직한 이후에도 일을 찾을 수 있을 것 같다.

노인들은 일하고 싶어 한다. 요즘에는 나이가 들어도 젊은이 못지않게 건강한 사람이 많다. 그들은 사회경험도 많고 컴퓨터 다루는 능력도 있다. 단지 나이가 많다는 이유로 일자리를 구할 수 없다. 이제 우리 사회가 노인에 대하여 새롭게 생각하여야 한다. 요즘 노인은 옛날의 노인이 아니다. 이들에게 나이는 숫자에 불과할 뿐이다. 그런데 단순히 나이가 많다는 이유만으로 일터에서 내몰리고 있는 것이다. 노인복지는 정부에서 모두 해결할 수 없다. 그렇다고 핵가족화 상황에서 자식들의 노인부양도 예전

같지 못하다. 이런 상황에서 가장 최선의 선택은 노인들에게 일할 기회를 주는 것이다. 이것이 건강한 노인복지이다.

우리 사회는 이미 고령화 사회단계에 있다. 2000년에 65세 인구비중이 7.2%로서 유엔(UN)이 정한 고령화 사회(Aging society) 기준 7%를 넘어섰다. 이런 추세로 나가면 우리나라는 2019년 고령사회(Aged society)가 되고 2026년경에 초고령사회(Super - aged society)에 진입하게 된다. 이에 따라 노인부양비 증가도 급속하게 진행될 것이다. 이처럼 고령화 인구의 빠른 증가는 연금재정 악화를 비롯한 경제사회적으로 많은 영향을 미치게 된다.

우선 경제적 측면만 보더라도 고령화는 생산인구의 감소로 나타난다. 생산인구의 감소는 소득감소로 나타나며 이는 저축률의 하락 및 가용자금이 줄어들게 됨으로써 소비위축을 초래하게 된다. 이는 다시 투자위축으로 이어져서 일자리 감소와 경제성장률을 저하시키는 요인이 된다. 분배 측면에서도 고령화 사회로의 급속한 진행은 재정지출을 늘리게 됨은 물론 세대 간 부담배분의 형평성 문제를 야기한다. 물론 노인층의 증대는 이 부문 산업의 발전을 촉진할 수 있지만 이런 긍정적 요인보다 경제 전체적으로 볼 때 경제 활력을 떨어뜨릴 가능성이 높다.

여기에 저출산 현상은 노동인력의 감소를 초래한다. 우리 사회는 지금 저출산과 고령화 현상이 동시에 맞물려서 나타나고 있다. 이런 예측된 상황에서 지금부터 노인들에게 일할 기회를 주는 것은 곧 닥치게 될 미래의 문제를 예방하는 효과와 함께 건강한 사회를 만드는 기반이 된다. 정부도 이런 환경변화에 대비하여 이미 「고령자고용촉진법」을 만들어 55세 이상 고령자의 노동시장 참가 확대를 유도하는 정책을 추진하고 있다. 직업훈련, 취업알선지원, 노인우선고용직종의 선정, 고령자 고용에 대하여 급여를 지원하는 등 다양한 인센티브를 시행하고 있다.

그러나 중요한 것은 기업들의 태도이다. 기업도 현재만 보지 말고 미래를 보아야 한다. 시간이 갈수록 인력 부족 현상은 심화될 것이다. 발전연대에서 축적한 숙련된 기능직과 기술직들은 지금은 대부분 높은 연령대에 있는 사람들이다. 인력 부족을 하소연하지 말고 이들 인력을 효과적으로 이용하는 방법을 강구해야 한다. 이미 일부 기업에서는 나이 든 퇴직자들을 다시 불러들이고 있다. 또한 어느 기업은 M&A 과정에서 기업의 자산가치보다 숙련된 인력 때문에 인수합병에 대한 관심을 갖고 있다. 이런 현상은 지금 우리 기업들이 숙련된 근로자들의 부족으로 애를 먹고 있기 때문이다. 고령자의 재취업도 이런 측면에서 접근해야 한다. 고령자 재취업은 개인에게는 제2의 인생을 살아갈 수 있는 발판이 되고, 기업은 숙련된 노동력을 쉽게 공급받을 수 있는 장점이 있는 서로가 좋은 윈—윈 게임이다.

일을 찾는 사람도 눈을 낮추어야 한다. 기업과 고령근로자가 합의할 수 있는 방법의 하나가 생산성을 반영하는 임금체계이다. 또한 전일 근무제보다 시간제 근무가 가능한 직무는 건강한 노인들에게 기회를 주면 오히려 생산성도 높아질 수 있다. 이런 노력을 기울이면 고령층이 할 수 있는 일은 넓어질 수 있다. 그것도 젊은이들의 일자리와 중복되지 않으면서 찾을 수 있다.

스스로 일자리를 만드는 방법도 있다. 회사에 장기간 근무하다 퇴직한 사람끼리 회사를 만들어 운영하는 것도 가능하다. 실제 울산에는 고령인력으로 회사를 운영하는 회사가 있다. 직원 40여 명 대부분은 같은 회사에서 생산직으로 일하다 정년 퇴직한 '60대 일꾼'들이다. 이 회사 직원의 평균 연령은 64세라고 한다. 이 회사는 매년 지속적으로 좋은 성과를 내고 있는 것으로 알려지고 있다.

퇴직자 중에는 엔지니어도 있고 숙련된 기능을 갖고 있는 사람도 있다. 회계사도 있고 금융전문가, 법률전문가도 있다. 베테랑 영업사원을 한 사람도 있고 마케팅 전문가도 있다. 조직·인사 전문가도 있다. 이들을 묶어 줄 수 있는 네트워크를 구축하고 이들이 회사를 만들도록 도와주면 일자리가 만들어질 것이다. 현재에도 정부와 경제단체가 협력하여 노인들이 공동으로 소규모사업을 운영하여 일정 수준 이상의 수익이 창출될 수 있도록 지원하는 시장형 노인 일자리 지원 사업이 있다. 지하철택배, 세탁방, 도시락제조사업, 전통공예제품 제조·판매 등이다. 현재 정부에서 하고 있는 취업알선 지원을 확대하면 노인들이 할 수 있는 일은 더욱 넓어질 수 있을 것이다. 적성검사, 취업교육, 구직지원까지 원스톱 취업서비스를 해 주면 더욱 좋을 것이다.

지식·정보산업시대에 필요한 노사관계가 되어야 한다

노동 관련 제도의 개선은 참으로 어렵다. 글자 하나 고치는 데에도 이해관계가 첨예하게 대립한다. 이런 상황이다 보니 노동법 개정 시마다 홍역을 치르고 있다. 진통 끝에 개정된 비정규직 관련 법률 개정(2007.7.1 시행)이 그러하고 최근에는 노조임금금지와 관련하여 이를 완화한 타임오프(유급노조활동시간) 인정 범위에 대해서도 심각한 갈등을 빚은 바 있다.

산업 발전 과정에서 노동은 자본과 함께 항상 그 중심에 있었다. 농경시대에서는 노동이 생산요소 중에서 점유하는 비중이 거의 절대적이었다. 제조업 중심의 산업사회가 전개되면서 생산요소 중 노동이 점유하는 비중이 낮아지기 시작했다. 그럼에도 불구하고 노동생산성의 중요성은 여전했다. 산업발전 과정에서 경영자는 노동 생산성을 강조한 반면 노동자들은 근로조건의 개선과 임금향상을 지속적으로 요구해 왔다. 이렇듯 산업사회의 전개는 노사 간의 갈등과 협력이 반복되는 과정의 연속이었다.

선진국은 노사관계의 홍역을 치른 뒤 지금은 안정을 찾아 노사가 함께 기업발전을 추구하고 있지만 우리는 아직도 갈등 관계를 유지하고 있다. 지금 노동의 유연성을 이룩한 나라들은 비교적 경제성장도 잘하고 있다. 미국이나 영국은 물론이고 노동운동이 심했던 독일이나 일본도 노사갈등보다 협력을 통한 상생을 추구하고 있다.

그러나 우리나라는 어떠한가? 우리는 지금 산업사회의 노사문제를 해결하지 못한 채 정보화 사회에 살고 있다. 주지하다시피 원래 노사문제는 제조업 중심의 산업사회에서 발생한 것이다. 지식 정보화 시대에는 노사관계도 변화되어야 하지만 아직 우리는 변화에 주저하고 있다. 그러나 변화의 기미는 나타나고 있다.

지식·정보화 사회의 진전에 따라 일부이기는 하나 노사관계에서 변화의 기미가 나타나고 있다. 지식·정보화 사회의 특징이라 할 수 있는 개인의 창의성과 능력이 강조되면서 동일한 임금을 받던 동료 간에 임금의 차별화 현상이 나타나고 있다. 연봉제나 성과급이 그것이다. 능력에 따라 보상이 이루어지는 연봉제나 성과급제가 시간이 갈수록 확산되고 있다. 이러다 보니 노조가 나서서 임금협상을 대신 해 주기가 점점 어려운 상황이 되어 가고 있다. 노조원들도 평생직장보다 평생직업을 중시하는 쪽으로 가치관이 바뀌고 있다. 대우가 좋은 곳으로 직장을 옮기려고 노력하는 상황이다. 오히려 직장을 옮기는 사람이 능력 있는 사람으로 평가받고 있다. 이 같은 환경변화가 제조업 중심의 산업사회에서 빚어졌던 노사 간 대립과 갈등 관계를 변모시키는 동인이 되고 있다. 환경변화에 따른 노조 역할의 변화가 요구되고 있는 이유도 여기에 있다.

나아가 벤처기업은 지금까지의 노사관계 개념을 새롭게 정립하는 계기로 작용하고 있다. 벤처기업에 종사하고 있는 사람은 대부분 주주인 동시에 근로자이다. 그들은 근로자이면서도 스톡옵션 등으로 미래를 약속한 주주이다. 이런 기업에서는 노사 간의 구분이 있을 수 없다. 이들은 현재의 근로조건이나 임금보다 미래에 받게 될 스톡옵션이나 성과급에 관심을 갖는다. 그들이 기대하는 것은 개발된 상품이 시장에서 가능성을 인정받아 주식 시장에 상장되고 주식가격이 높게 책정되는 것이다. 이 같은 목표의 실현은 대립적 노사관계보다는 동반자적 협력적 노사관계에서 가능하다.

이렇듯 벤처기업을 비롯한 정보·지식산업에서 기업의 근로조건 등 노동환경은 기존 제조업체와는 근본적으로 다르다. 이들의 사고나 행태도 다르다. 이것은 근로자뿐만 아니라 경영자도 마찬가지이다. 이제 지식·정보화 사회에서는 제조업 중심의 산업사회에서와 같은 대립적 노사관계로는 더 이상 대응할 수 없다. 따라서 기존 제조업도 지식이 중시되는 경영을 할 수밖에 없다. 이미 인사관리는 기존 연공서열 중심에서 능력을 중시하고 개인의 창의성을 유발하는 방향으로 변하고 있다. 지식경제사회에서는 노동이나 자본과 같은 생산요소보다 정보와 지식이 중요시되기 때문이다. 이런 상황에서 과거처럼 종업원 개인의 능력과 무관하게 노조의 교섭력을 통한 단체 교섭방식은 한계를 가질 수밖에 없다.

지식·정보화 사회에서는 정보격차가 소득격차를 결정한다. 이 같은 상황에서 노사가 할 일은 무엇인가? 그것은 기업종사자들에 대한 정보화 능력의 향상이다. 이런 점에서 노조는 임금을 중요시하는 대립적 배분 교섭보다는 종업원들의 지적 능력을 향상시키는 쪽에 관심을 가져야 한다. 경영자 역시 지식·정보사회에서 회사의 생산성은 종업원들의 지식 수준에 의하여 결정된다는 점을 유념하여 종업원들의 능력 향상에 힘을 기울여야 한다. 지식·정보화 시대의 노사관계는 단순 대립적 구도가 아닌 협력의 바탕하에 다양성이 조화를 이루어야 한다.

이제는 노조도 경영자도 시대의 변화를 감지하여야 한다. 그리고 함께 변화한 환경에 대응하여야 한다. 그것은 노사 간 상호 신뢰가 이루어질 때 가능하다. 이렇게 될 때 새로운 업종도 생겨나고 일자리 창출도 가능해질 것이다.

시대에 부응한 노동윤리가 정립되어야 한다

노동윤리는 근로자가 지켜야 할 도리이다. 윤리의 본질은 자율성에 있다. 윤리가 정립되어 있으면 이를 근거로 스스로 자기의 생각과 행동을 하게 된다. 윤리가 행위의 규범적 역할을 하기 때문이다. 직업윤리 역시 마찬가지이다. 올바른 노동윤리와 직업윤리가 정립되어 있으면 오늘날처럼 산업구조가 복잡한 중층적 구조로 되어 있어도 분업질서가 제대로 형성될 수 있다.

산업의 가치사슬 자체가 복잡화될수록 노동 분업 역시 세분화되면서 중층적 노동구조를 갖게 된다. 이런 분화되고 중층화된 구조에서는 각자가 자기 맡은 바 일에 대하여 최선을 다하는 자세가 중요하다. 어느 한 부문에서의 착오나 잘못이 발생하면 그 가치사슬과 연결된 모든 부문이 영향을 받게 되기 때문이다. 건강한 노동 분업질서가 강조되는 이유도 여기에 있다.

정보화 시대 우리는 노동에 대한 가치를 새롭게 생각해야 한다. 노동에 대한 가치와 의미를 제대로 알고 나면 하는 일이 재미있고 열심히 하게 된다. 이런 의미에서 근로자 스스로 일을 사랑하고 가치를 부여해야 한다. 일을 사랑하지 않으면 노동에 대한 가치를 느낄 수 없다. 실업을 겪어 본 사람은 노동이 얼마나 중요한 것인지를 알게 된다. 실업자에게는 매일 다니는 일터가 있다는 것 자체가 부러움의 대상이다. 그런데 현재 직장을 다니거나 자기 사업을 하고 있는 사람은 실업자들이 느끼는 것과 같은 느낌을 갖지 못한다. 지금 자기가 하고 있는 일이 얼마나 중요하고 가치가 있는지는 본인 마음에 달려 있다. 스스로 가치 있는 노동을 하고 있다고 생각하면 그 일은 가치가 있는 것이다. 그렇지 않은 경우에는 그 반대가 된다.

노동윤리는 사회발전에 따라 변할 수밖에 없다. 그래야만 시대에 맞는 노동윤리가 된다. 그러나 변화 속에서도 변하지 말아야 할 것이 있다. 그것은 정직과 근면·성실의 자세이다. 그리고 프로의식과 장인정신이다. 여기에 지식정보화 사회에서 요구하는 아이디어와 창의성이 가미되어야 한다. 또한 디지털 시대의 특징인 소통이 되어야 한다. 창의성은 자율에서 나온다. 따라서 누가 시켜서 하기보다 스스로 하는 성숙한 근로자세가 중요하다. 이렇게 볼 때 오늘날 요구되는 노동윤리는 자율·창의·소통이다. 따라서 오늘날의 노동철학과 노동윤리는 농경

시대의 근면·성실·정직의 자세와 산업화 시대의 프로의식과 장인정신 그리고 지식정보화 시대의 소통·자율·창의 정신이 접목된 것이어야 한다.

시대에 부응한 노동윤리의 정립은 우리 산업의 선진화를 이루는 바탕이 된다. 이는 개인발전은 물론 사회적 자본 형성에 기여하고 나아가 사회발전과 국가발전의 동인으로서 작용한다. 건전한 노동윤리가 이루어질 때 우리나라의 노사관계도 갈등보다 협력이 이루어지고 나아가 자기개발을 통한 노동생산성 향상도 기대할 수 있다.

직업윤리는 시대변화에 부응하여야 한다. 모든 직업인은 자기가 지금 하고 있는 일이 자신은 물론 이웃과 사회에 기여하고 있다는 긍지를 갖고 최선을 다하는 자세를 가져야 한다.

이런 생각을 가질 때 정직성과 프로정신 그리고 근면성실성이 발현될 수 있다. 바로 이런 문제의 근원을 푸는 열쇠가 노동철학이고 윤리이다. 어떻게 하면 일하는 속에서 즐거움과 행복의 의미를 찾을 수 있는지를 찾아야 한다. 노동이 고통이 아니라 즐거움과 보람을 주고 자기 성취감을 유발하는 것임을 설명할 수 있는 노동철학과 윤리가 정립돼야 한다. 농경시대의 근면·성실과 정직, 산업화 시대의 프로의식과 장인정신 그리고 지식·정보화 시대의 소통·자율·창의가 솟아날 수 있는 직업윤리와 노동철학이 만들어질 때 선진경제가 펼쳐질 것이다.

외국인 노동자도 같은 근로 공동체이다

다문화 사회가 빠르게 전개되면서 외국인 노동자 숫자도 늘어나고 있다. 지금 우리 사회에는 많은 외국인 노동자들이 있다. 이들은 주로 우리나라 사람들이 하기 싫어하는 3D업종에서 일하고 있다. 그것도 인력을 구하지 못해서 어려움을 겪고 있는 상시 29인 미만의 중소기업에 주로 종사하고 있다. 우리가 필요한 곳에 그들이 와서 일을 하고 있다. 이들은 나름의 꿈을 안고 자기 나라를 떠나 한국에 온 것이다. 돈을 벌기 위해서 왔지만 우리 역시 그들이 필요해서 받아 준 것이다. 이들은 우리의 일자리를 뺏는 것이 아니라 우리가 하기 싫어하는 일을 대신 도와주고 있다. 우리에게는 고마운 사람들이다.

외국인 노동자들은 이미 우리와 같은 근로공동체요 직업공동체의 일원이 되었다. 그럼에도 불구하고 우리는 외국인 노동자들을 조금은 다르게 생각한다. 우리 근로자하고 차별을 두어도 괜찮다는 의식이 암암리에 깔려 있다. 물론 우리나라가 외국인 노동자를 받아들이는 것은 일손 부족의 보충과 함께 임금문제도 주요한 요인이다. 임금은 국가 정책에 따라서 기업의 입장에 따라서 그들과의 계약조건에 따라서 차이가 있을 수 있다. 그들이 이 조건에 맞지 않으면 계약을 하지 않을 수 있는 선택할 권리가 주어진다. 따라서 일단 계약을 맺으면 계약에 충실해야 된다. 그렇지 않고 계약과 다른 불이익을 주어서는 안 된다.

더 이상 외국인 근로자라고 해서 인권과 근로조건에 있어서 계약과 다른 차별이 있어서는 안 된다. 인간의 존엄성은 인종·국적·직업을 초월하는 문제이기 때문이다. 임금은 근로조건에 따라 다를 수 있고 또한 계약조건에 따라 결정되지만 나머지 부문에 대해서는 근로공동체의 일원으로서 대우를 해주는 노력이 필요하다. 오히려 우리의 이웃으로서 근로공동체의 일원으로서 살아갈 수 있도록 배려하는 적극적인 자세가 요구된다.

세계화 시대에서는 한 나라가 홀로 살아갈 수 없다. 세계가 경쟁우위에 입각한 분업질서에 따라 같이 협력하고 경쟁하며 살아가고 있다. 이런 상황에서 보면 외국인 노동자라고 해서 국내 노동자와 차별을 받아야 할 이유가 없다. 이들은 오히려 우리나라 산업의 경쟁력 향상에 도움을 주고 있다. 우리의 일자리를 뺏는 사람들이 아니라 우리가 하지 않는 일을 그들이 도와주고 있는 것이다. 이제는 다민족공동체 입장에서 외국인 노동자도 우리와 같다는 생각을 갖고 대하여야 한다. 그들과도 감정이 통하는 공감(empathy)의 자세를 가져야 한다. 공감이란 상대가 느끼는 것, 생각하는 것을 상대의 입장이 되어 감지하는 것을 말한다. 따라서 공감적 이해(empathic understanding) 노력이 더욱 필요하다. 이런 노력이 세계화 시대 근로공동체·직업공동체를 이루어 가는 바람직한 방법이다.

일자리는 기업이 만든다

일자리는 누가 만드는가? 정부와 공공부문도 만들지만 기본
적으로 기업과 자영업자들이 만든다. 그중에서도 기업이 중심
이 된다. 그런데 일자리를 만드는 기업사정이 좋지 않다. 국내
경기가 몇 년째 침체상태를 지속하고 있기 때문이다. 오랜만에
경기가 살아나는 시점에서 다시 미국의 투자은행 부실로 금융
위기가 유발되면서 2008년 말 이후에는 전 세계가 다시 격심
한 경제침체기를 겪었다. 최근에 경제위기를 극복하는가 했는
데 남부 유럽발 재정위기가 발생하면서 다시금 경제의 불확실
성을 높이고 있다. 우리나라도 경제위기를 극복하는 과정에서
재정지출이 많아졌고 이로 인해 국가부채가 늘어났다. 세계화

시대에는 어느 한 나라라도 경제에 이상이 생기면 세계 모든 나라의 자본시장이나 외환시장이 불안정해진다. 이런 상황이 다 보니 경제회복에 대한 낙관을 하지 못하고 있다. 이런 영향으로 경제회복세가 주춤하면서 일자리가 제대로 창출되지 못하고 있다. 고용문제가 현안과제가 되고 있지만 기업들의 활동이 제대로 발휘되지 못하면서 많은 사람들이 취직을 못 해 안절부절못하고 있다.

경쟁이 치열한 세계 시장에서 우리 경제를 이만큼이나 이끌어 온 것은 기업이다. 그래서 그런지 요즘에는 일자리를 만드는 곳은 기업이라고 생각하면서 국민들 사이에 기업을 이해하려는 사람들이 늘고 있다. 이런 영향으로 반기업정서도 많이 완화됐다. 그동안 기업들이 투명경영, 윤리경영을 강화하고 사회공헌 활동을 적극적으로 펼친 것도 한 요인으로 작용했다. 그러나 아직 국민들이 기업을 보는 눈은 차갑다. 기업의 노력이 지속되어야 할 이유가 여기에 있다. 기업에 대한 애정이 조금씩 생겨나는 과정에서 기업이 제대로 일자리를 창출하지 못하고 있다. 세계화 시대 경쟁이 심해지고 주도 업종의 변경이 수시로 바뀌는 상황에서 미래 수종을 찾기가 쉽지 않기 때문이다. 여기에 우리나라는 기업하기 어려운 환경이라고 한다. 정부도 규제개혁 등 기업환경 개선노력을 하고 있음에도 아직 경제현장에서는 기업하기 쉽지 않다고 한다. 개발연대에서 배태된 반기업 정서도 많이 줄었는데도 기업하기는 아직 어렵다고 한다. 그러나 좋고 나쁜 것은 상대적 개념이다. 우리나라의 기업환경은 옛날보다 좋아진 것은 사실이다. 그런데 외국이 우리나라보다 기업하기 좋은 환경이라면 세계화 시대에는 그쪽으로 기업들이 투자한다.

기업하기 어렵게 만드는 것은 정치권도 한몫을 한다. 국민들의 기업정서는 변화하고 있지만 정치권의 기업 때리기는 예나 지금이나 별로 변한 것이 없다. 대기업을 때려야 표가 나온다고 잘못 생각하고 있기 때문이다. 그러면서 기업들이 일자리 창출에 소극적이라고 비판한다. 대기업을 규제하면 중소기업이 잘될 것으로 생각하는 사람도 있다. 그러나 이것은 잘못된 생각이다. 기업은 유기체이다. 중소기업 없이 대기업이 발전할 수 없고 대기업 없이 중소기업 또한 발전할 수 없는 것이다. 대기업과 중소기업은 서로 필요한 관계이다. 중요한 것은 중소기업이 건실하게 발전하여야 대기업도 경쟁력을 가질 수 있다는 것이다. 물론 대기업이 중소기업과의 거래에서 지나치게 유리한 위치에 있거나 불공정하게 하는 것은 지탄받아 마땅하다. 이런 행태는 공정거래 차원에서 처리해야 한다. 특히 중소기업이 개발한 기술을 착취하거나 불공정한 방법을 통하여 낮은 가격으로 구입하는 것은 고쳐야 한다. 오히려 대기업이 중소기업과의 상생과 협력의 차원에서 이런 기술개발을 지원해야 한다. 개발된 기술을 이용하여 만든 신제품에 대해서는 후원자로서의 시장개척을 도와주어야 한다. 이런 노력이 대중소기업의 실질적 상생협력관계이다.

대기업의 중소기업에 대한 자세가 잘못된 것이 있으면 대기업 스스로 먼저 바로잡아야 한다. 중소기업도 자구책을 강구하여야 한다. 우리나라에서 자기만의 기술과 노하우를 가진 혁신형 중소기업이 1만 3000개나 된다고 한다. 이들을 엮는 노력이 필요하다. 이들이 서로 경영정보를 교류하고 기술과 디자인과 시장을 공동 개발하고 협력할 수 있는 네트워크를 구축하면 대기업과도 대등한 파트너가 될 수 있다. 또한 세계시장에도 보다 용이하게 진출할 수 있을 것이다. 이런 방향에서 중소기업 스스로의 노력과 함께 정책적인 지원도 중요하다.

정책은 제도 그 자체로 그쳐서는 안 된다. 정책효과가 있어야 한다. 우리나라 중소기업정책은 가짓수로는 세계적이다. 그럼에도 불구하고 기업하기 좋은 환경이 만들어졌다고 생각하는 중소기업이 별로 없다. 오히려 기업하기가 점점 어려워진다고 하소연하고 있다. 물론 이 하소연에는 글로벌 경쟁 때문에 기업하기가 어려워진 측면도 있지만 그 많은 중소기업 정책이 실제로 현장에서 큰 도움이 되지 못하기 때문이다. 이를테면 투자자금을 조달하려 해도 기업의 장래성을 보는 것이 아니라 아직도 담보가 없으면 안 된다. 지난 발전 연대에는 담보 없이도 미래 성장전망을 보고 은행이 대출한 경우가 적지 않았다. 그런데 오늘날에 와서는 그것조차 안 된다고 한다.

이러다 보니 정치권에서는 대중소기업 상생을 얘기한다. 대

중소기업 상생은 정부나 정치권이 하라고 해서 되는 것이 아니다. 서로가 필요하면 스스로 한다. 실제 기업들은 자기 필요에 의해서 상생을 한다. 글로벌 경쟁에서 우리나라 대기업이나 중소기업 공히 변하지 않으면 살 수 없다. 따라서 기업 간 서로가 도움이 되면 당연히 협력한다. 이런 경우에는 해외투자에도 동반 진출한다. 대기업이 외국에 공장을 짓게 되면 협력업체도 같이 나간다. 그러다 보니 국내 일자리는 더욱 줄어든다.

정부나 정치권은 대중소기업 상생을 얘기하기 전에 왜 우리나라 기업들이 해외에 나가는지를 먼저 생각하여야 한다. 외국 시장을 보고 나가는 것인지, 기술도입을 위해 나가는 것인지, 글로벌 환경에 부응한 차원인지 그렇지 않으면 국내에서 기업 환경이 나빠서 나가는 것인지를 판단하고 대책을 강구해야 한다. 외국에서는 공장 하나 더 못 끌어와서 안달인데 우리나라는 유능한 기업조차 해외로 나가게 하고 있다. 일자리를 위해 해외투자를 유치하는 것도 중요하지만 더 중요한 것은 우리기업들이 해외에 나가지 않도록 기업환경을 만들어 주는 것이다. 국내에서도 외국에서 해 주는 정도의 경영환경을 조성하여 우리나라 기업들이 가능한 한 국내에 투자할 수 있도록 기업환경을 개선해야 한다. 기업들이 일자리를 만드는 데 도움을 주어야 한다.

경제위기로 일자리가 갑자기 줄어들고 고용이 창출되지 않은 상황에서 정부가 공공사업을 통해 단기 일자리를 창출하는 것은 불가피하다. 위기부터 넘겨야 하기 때문이다. 그러나 이런 일자리는 임시에 불과하다. 따라서 그런 상황에서도 제대로 된 일자리 만드는 데 정책의 초점을 맞추어야 한다. 국내 일자리 창출이 미흡하면 해외에 눈을 돌려야 한다. 청년실업의 문제가 그러하다. 지금도 대학생들의 해외 인턴십 사업이 있다. 우리나라 정부가 지원하는 경비의 일부를 현지 정부가 일부 분담한다면 이를 확대해도 좋은 사업이 될 수 있다. 젊은 시절 외국생활은 이들에게 넓은 세상을 보게 한다. 세상은 넓고 자기 정도의 지식과 기술만 가져도 할 일이 많다는 것을 알게 된다. 또한 젊은 시절의 외국생활 경험은 세상 어디에 가서도 살 수 있다는 자신감을 준다. 이런 의미에서 한 언론기관에서 잠간 펼쳤던 'IT청년봉사단'을 양성해 개도국과 후진국에 보내자는 운동은 의미 있는 일이다.

이것은 단순히 실업 해소 차원이 아니다. OECD개발원조위원회(DAC) 회원국으로서의 역할을 병행할 수 있다. IT 지식 전수는 후진국들이 바라는 사항이다. 우리나라의 강점인 IT 지식을 개도국에 전수하면서 국가 이미지도 높이고 젊은이들에게는 세계를 상대로 그들의 꿈을 펼칠 수 있는 비전을 제시해 주는 길이다. 이들의 활동이 세계로 펼쳐지고 경우에 따라서 그들이 현지에 남아 직업을 잡아 일을 하게 되면 그것이 결과적으로 우리나라 국력에 도움이 되는 것이다.

요즘에는 수원국들도 금전적 지원보다는 경제발전에 도움이 되는 지원을 바란다. 고기를 주는 것이 아니라 고기를 잡는 방법을 알려 주어서 그 나라 경제 발전에 도움을 주어야 한다. 공공부문에서 이런 시도를 하면 같은 돈을 쓰더라도 성과 있고 효과도 지속될 수 있다. 나아가 우리나라의 젊은이들에게도 큰 도움이 된다. 서로가 좋은 윈-윈 게임으로서 서로가 생산적인 의미 있는 일이 될 것이다.

기업하기 좋은 환경이 기업을 불러들인다

2008년 미국에서 유발된 금융위기 이후 전 세계가 경기침체를 겪고 있는 와중에서 우리나라가 경기회복을 선도하고 있다. 하지만 이 효과가 나기까지에는 상당한 시간이 걸릴 것이다. 여기에 2010년 상반기에 발생한 그리스를 비롯한 남부유럽의 국가부채위기로 유발된 경제위기가 다시 세계경제를 움츠러들게 하고 있다. 이런 상황에서 국내기업들은 신성장동력산업을 찾지 못해 투자를 주저하고 있다. 따라서 고용 문제는 쉽게 개선되기 어려울 전망이다. 그러나 생각보다 경기회복이 빨리 올 가능성도 있다. 경기회복 가능성이 비쳐지면 기업들은 인력확충에 나설 것이다. 경기가 본격적으로 살아나고 기업들이 신성장동력산업에 투자하기 시작하면 일자리는 늘어날 것이다. 여기에 국내에서 기업하기 좋은 환경이 만들어지면 일본 기업들이 그랬듯이 해외로 나간 기업들이 다시 돌아올 것이다. 기업환경이 좋아지면 우리나라 기업뿐만 아니라 외국 기업들도 들어온다. 그렇게 되면 실업문제는 예상보다 빨리 완화될 수 있다.

기업하기 좋은 환경은 왜 필요한가? 여러 가지 이유가 있지만 그중에서도 중요한 요인으로 꼽는 것이 일자리 창출이다. 기업이 많아져야 일자리가 늘어나기 때문이다. 이런 이유로 세계 각국은 기업하기 좋은 환경을 만들려고 노력한다. 그래야만 기업들이 들어오기 때문이다. 우리나라도 기업환경을 개선하기 위하여 노력하고 있다. 그러나 결과는 신통치 않다. 정부가 노력을 하고 있는데 기업들은 아직도 기업하기 좋지 않은 환경이라고 한다.

이유는 무엇인가? 여러 가지 복합적 요인이 있지만 그중에서 정부 규제가 큰 몫을 하고 있다. 규제란 원래 정부가 기대하는 공공정책효과를 달성하기 위하여 개인과 기업의 행위를 제약하는 것을 의미한다. 정부가 기대하는 것은 환경오염 방지나 시장의 실패를 치유하기 위한 공공목적을 가진 것으로 대부분 공공선을 위한 것이다. 이런 의미에서 환경오염이나 국민의 보건 및 안전과 같은 정부규제는 바람직하다. 반면 가격규제, 진입규제 등 시장에서의 자유로운 경쟁을 제한하는 규제도 있다. 전자를 사회적 규제, 후자를 경제적 규제라고 한다.

대부분 규제는 공공목적 달성을 위하여 필요하다는 좋은 명분을 갖고 있다. 그러나 꼭 그렇게 되지 않는 데 규제의 문제가 있다. 오히려 이런 목적을 명분으로 관료들은 조직 및 인력의 확대, 예산의 확대를 꾀하기도 한다. 조직과 인력이 확대되면 일을 만들어야 하고 그러다 보면 또 불필요한 규제를 만든다. 이럴 때 만들어진 규제가 사람이나 기업 활동을 필요 이상 제약하는 경우가 많다. 모든 제도가 그러하듯이 규제도 한 번 만들어지면 쉽게 없어지지 않는다. 상황이 바뀌어도 기존 규제는 없어지지 않고 그 상황에 맞는 규제가 또 만들어진다. 이렇게 해서 규제가 복잡해지는 것이다.

규제가 복잡해지는 이유는 규제 때문에 생기는 이해관계자 때문이다. 공무원의 입장에서 보면 규제는 권한의 확대이다. 그렇기 때문에 규제를 유지하거나 강화하려고 한다. 반면 피규제자인 사람이나 기업의 입장에서 보면 규제가 많을수록 일을 추진하는 데 더디거나 인력이나 돈이 들어간다. 규제를 준수하는 데 돈이 들어가는 것이다. 이것을 규제순응비용이라고 한다. 규제순응비용이 높아지면 규제회피를 하게 된다. 그러면 정부는 이런 현상을 막으려고 더욱 강한 규제를 만들게 된다. 그러다 보면 나중에는 규제가 규제를 만드는 형국이 되고 결과적으로 복잡한 규제가 된다.

규제가 복잡해지면 사람이나 기업들이 일하기가 어려워진다. 당연히 기업하기 어려운 환경이 되는 것이다. 그런데 최근 상황을 보면 기업하기 좋은 환경이 만들어지고 있음을 알 수 있다. 노사관계도 많이 개선되었고 투쟁적 노조도 이제는 국민들의 수용도가 떨어지면서 약화되고 있다. 금리도 낮고 물가도 안정적이다. 정부도 열심히 기업환경 개선 노력을 하고 있다. 이런 노력을 하고 있음에도 우리나라의 창업환경은 아직도 열악하다. 그만큼 기업하기가 어렵다는 것이다. 이런 상황에서 기업들은 기업하기 좋은 곳을 찾게 된다. 세계는 지금 자국의 일자리 창출을 위해 다양한 인센티브를 주면서 기업들에게 들어오라고 손짓하고 있다. 기업은 당연히 기업하기 좋은 곳으로 떠나려고 한다. 기업이 떠나면 일자리가 줄어들게 되고 그러면 실업자가 생길 수밖에 없다. 그래서 각국 정부 공히 기업하기 좋은 환경 만들기 경쟁을 하고 있는 것이다.

한때 우리 정부도 국민 삶의 질 향상과 기업 활력 제고를 위하여 규제 50% 감축을 목표로 규제개혁을 강력하게 추진한 적이 있다. 이 시기는 1997년 외환위기를 초래한 요인이 과도한 규제에 기인됐다는 인식도 작용했다. 또한 이 당시 부패척결을 국정의 주요 과제로 제시한 상황에서 규제개혁은 시대의 요망이기도 했다. 규제는 흐르는 물을 막는 것과 같아서 물을 막으면 물이 고여 썩거나 옆으로 넘쳐 나간다. 물이 고여 썩거나 옆으로 넘쳐 나가는 것을 부정이나 부패의 요소로 본 것이다.

이런 인식을 바탕으로 시작된 규제개혁은 건수로는 목표에 가까운 실적을 올렸으나 질적으로는 미흡했다. 중요 규제는 정책이라는 이유로 피해 나가고 규제가 얼기설기 묶여 있는 덩어리 규제는 어디부터 손을 대야 할지 쉽지 않았기 때문이다. 이러다 보니 건수로는 목표에 근접하는 실적을 올렸음에도 불구하고 실효성은 기대에 미치지 못했다. 이런 상황에서 그 이후에는 여러 가지 이유로 규제가 늘었다 줄었다 하고 있다. 실제 규제개혁위원회의 규제등록 건수를 보면 1998년 10,190건에서 1999년에 7,127건으로 줄어든 이후 다시 늘어났다가 2010년도에는 6,951건으로 집계됐다.

분명 규제는 줄어들고 있다 그런데도 기업현장에서는 제대로 된 규제완화를 했느냐고 반문한다. 중앙부처의 규제완화도 중요하지만 지방정부의 행정규제는 더욱 관심을 가져야 한다. 기업들이 느끼는 규제의 강도는 일선창구에서 겪게 된다. 인허가나 각종 조사 등이 그러하다. 대부분 지방행정청에서 하는 것들이다. 현재 우리나라의 지방자치단체는 열악한 지방재정은 물론 일자리 창출 부족에 따른 인구유출 등 여러 면에서 힘든 상황이다. 이런 어려움을 타개하기 위하여 기업을 유치하고자 한다면 스스로 행정규제부터 고쳐야 한다. 그리고 중앙정부가 갖고 있는 핵심적 규제를 이양받아야 한다. 많은 사람들이 현 실정에서 지방정부에 권한을 이양하면 기업하기 더욱 어려워진다고 하는 말을 새겨들어야 한다. 우리는 개발연대 성장 노하우를 갖고 있다. 그것은 정부가 규제자로서의 역할이 아니라 지원자로서의 역할을 했기 때문이다. 그리고 '성과 있는 곳에 지원 있다.'는 인센티브 방식이었다. 이런 방식을 지금도 활용하면 수도권에 비해 상대적으로 낙후된 지방경제도 활성화할 수 있다.

그런데 이것을 수도권 규제로 해결하려 하니 점점 꼬이고 있다. 규제 때문에 지역 간 갈등이 발생되기도 한다. 세계가 기업유치를 하지 않는다면 수도권 규제로 기업들은 지방으로 이전할것이다. 그러나 문제는 세계 각국이 좋은 조건을 내걸고 기업을 유치하고 있는 데 있다. 그러다 보니 규제를 하면 지방으로 갈 줄 알았던 공장들이 해외로 나가고 있다. 세계화 시대에 국내에서의 제로섬 게임은 존재할 수 없다. 나아가 갈등과 다툼으로는 더욱더 해결되지 않는다. 외국이라는 기업하기 좋은 환경이 열려 있기 때문이다. 이렇듯 규제는 기업들이 해외로 눈을 돌리게 하는 요인으로 작용하고 있다. 이러니 일자리는 더욱더 줄어들 수밖에 없다. 정부가 진정 기업환경을 개선하려면 지방정부 스스로 먼저 행정규제를 완화하고 나아가 기업유치를 할 수 있을 정도로 중앙정부가 지방정부에 실질적 권한을 이양하고 지원을 확대해야 한다.

중요한 것은 기업하기 좋은 환경을 만들어야 기업들이 해외로 나가지 않고 국내에 공장을 짓는다는 것이다. 이제는 국내기업뿐만 아니라 해외기업이 우리나라에 들어오게 해야 한다. 그래야 일자리가 늘어난다. 그런데 나타난 현상은 이와 반대이다. 내국인의 해외투자는 늘어나는데 외국인의 국내투자는 줄어들고 있다. 이런 현상은 기업하기 좋은 환경이 노력에 비해 제대로 이루어지지 못하고 있음을 보여주는 것이다.

외국인들은 규제개혁을 비롯한 이민정책과 생활환경 등 개선으로 우리나라가 기업하기 좋은 환경이 되면 외국인이 투자를 선호하는 지역이 될 것이라고 한다. 그것은 우리나라가 갖고 있는 강점과 잠재력 때문이다. IT산업의 역동성, 아시아 성장 축 기대와 함께 숙련된 노동력, 체계적으로 조직된 부품업체들, 비교적 경쟁력이 있는 사회 간접자본 및 우수한 인프라 등이 있기 때문이다. 노력하면 국내 기업은 물론 외국인 투자도 다시 들어올 수 있다. 기업하기 좋은 환경이 되어야 기업이 들어오고 일자리도 창출되고 균형발전도 기대할 수 있음을 잊지 말아야 한다.

기업에도 따뜻한 가슴이 요구된다

오늘날 기업에 대한 새로운 기대가 움트고 있다. 탐욕적 이윤추구의 주체가 아니라 합리적 이윤추구와 함께 사회발전의 촉진자로서의 기대이다. 기업 스스로도 사회적 기대에 대한 부응을 넘어서 자발적으로 사회공헌활동을 높이는 노력을 하고 있다. 때맞추어 창조적 자본주의((Creative Capitalism)라는 개념이 세간에 화두로 등장하면서 기업의 사회공헌활동 방향을 제시하고 있다. 나눔이 없는 자본주의는 자본주의가 아니라는 말과 같이 기업도 이익만 추구하는 것이 아니라 나눔을 실행하는 주체가 되어야 한다. 이런 자세가 바람직한 기업이 나가야 할 방향이고 역할이다.

2000년대 들어오면서 기업은 전통적으로 생각해 왔던 단순한 이윤창출 주체로서뿐만 아니라 사회적 책임의 주체로서의 역할로 확대되고 있다. 이렇게 되기까지에는 정부를 비롯한 시민단체(NGO), 언론의 관심과 견제가 많이 작용했다. 여기에 세계화로 경쟁이 심화되면서 기업 차원에서도 소비자의 이미지 제고가 중요한 과제로 부각되었다. 이런 상황이 지속되면서 기업 스스로의 변화를 모색하기에 이르렀다. 기업 스스로의 발전을 위해서 소비자로부터의 신뢰획득이 중요하다는 인식이 넓게 확산되면서 기업의 사회적 책임에 대한 새로운 모색이 필요해졌다. 이것이 오늘날 전개되고 있는 사회공헌사업이다. 사회공헌사업도 진화하고 있다. 초기에는 자선과 기부 차원의 분배 지향적 활동에 중점을 두었으나 시간이 가면서 공공 연계형 사회공헌활동으로 변하고 있다. 최근에는 기업 활동을 통해 돈도 벌고 자선사업도 하는 창조적 자본주의(Creative Capitalism)에 대한 관심이 높아지고 있다. 사회적 취약계층에 대한 일자리 마련과 소득증대 유도를 비롯한 다양한 활동으로 발전하고 있다.

창조적 자본주의라고 해서 기업의 본질적인 목표인 이윤창출을 포기하고 사회적 책임에 최선을 다하자는 것이 아니다. 기업의 이윤창출 목표에는 변함이 없다. 기업이 이윤을 내지 못하면 사회적 공헌도 할 수 없기 때문이다. 기업이 이윤을 내지 못하고 도산하면 오히려 실업유발 등 사회와 국가에 부담을 준다. 따라서 기업의 1차적인 사회적 책임은 질 좋고 값싼 상품과 서비스를 소비자에게 제공하는 것이다. 다음으로 착실한 경영을 통해 이윤을 창출하고 고용을 확대하면서 국가에 세금을 납부하는 것이다. 이런 1차적 책임을 한 후에 보다 한 발자국 나가서 사회에 기여할 수 있는 역할을 확대하자는 것이다. 좀 더 구체적으로 말하면 기업의 이윤 중 일부를 가난한 사람들을 비롯한 사회적 취약계층 나아가 환경보호와 같이 지속 가능한 발전을 위한 분야에 쓸 수 있도록 적극 참여하고 기여하자는 것이다. 이러려면 기업이 먼저 이익을 내야 한다. 보다 성실한 노력을 기울여 이윤을 많이 내고 그 이윤 중 일부를 사회에 기여하여야 한다.

기업의 사회공헌활동은 사회적 취약계층에 도움을 주는 것으로 그치지 않는다. 시간이 갈수록 보다 폭넓은 활동이 이루어지고 있다. 인권에 대한 관심도 그 하나이다. 전통적 시각에서 보면 인권문제는 기업들이 기피하는 사항이다. 그러나 근년에는 인권이 안정되어야 기업 활동도 보장받을 수 있다는 시각에서 인권이 보장된 나라에 기업들의 투자가 이루어지고 있다. 인권에 소홀한 나라들은 대부분 기업환경이 좋지 않은 나라들이기 때문이다. 기업 스스로도 기업종사자의 인권을 강화하고 있다. 임금착취나 근로조건 등에 있어서 차별이라고 생각될 수 있는 것은 고치려고 노력하고 있다. 대기업들은 계열기업뿐만 아니라 이들 기업에 원부자재를 공급하는 하청회사까지 인권원칙을 세우고 이를 준수하도록 요구하고 있다. 기업들이 이렇게 인권문제에 관심을 갖는 이유는 여러 가지가 있지만 인권을 존중하는 기업들이 그 지역에서 신뢰를 쌓고 신뢰를 쌓은 기업들이 예기치 않은 불이익 방지에도 효과적임을 경험을 통해서 배웠기 때문이다.

오늘날 기업의 사회공헌활동은 다양한 방향에서 실행되고 있다. 기업은 본연의 활동에 충실하여 이익을 내는 냉정한 머리와 사회적 약자를 배려하는 따뜻한 가슴을 동시에 추구하여야 한다. 장기적으로는 이런 방식이 기업발전에 도움이 된다. 기업은 모든 수단과 방법을 가리지 않고 이윤을 창출하는 탐욕적 자본주의의 화신으로서가 아니라 절제된 자본주의 주체로서의 역할을 수행하여야 한다. 정당한 이윤을 적극적으로 추구하면서도 사회의 그늘진 곳에 대해서도 관심을 갖고 이를 개선하는 데 앞장서야 한다.

이제 한국의 기업은 공히 법과 사회질서에 부응하는 이윤창출에 보다 적극적인 노력을 기울이는 한편 얻은 이윤 중 일부를 사회를 위해서 효과적으로 쓰는 노력을 기울여야 한다. 여기에서 기업의 이미지 개선이나 미래 고객의 확충이라는 전략적 마인드와 연계하는 것은 기업의 적극적 행위로 이해된다. 사회적 취약계층에게 단순히 빵을 주는 것이 아니라 빵을 잡는 방법을 가르쳐 주는 적극적인 활동을 하여야 한다. 기업의 경영관리기법을 활용하면 같은 돈을 가지고 고기 잡는 방법을 가르치면서도 수익을 낼수 있다.

우리가 가야 한 길은?

우리는 어디로 가야 하나?

 우리 시대의 현주소

실업이 사회문제가 되고 고용이 최대의 화두가 되고 있지만 그래도 우리나라는 발전해 가고 있다. 2008년 미국발 금융위기로 유발된 세계 경제침체 상황에서도 우리나라의 경제회복이 다른 국가보다 앞서 가고 있다. 2009년 11월에는 선진국 중의 선진국이라는 DAC(개발원조위원회)에 가입했다. 2010년 2월 밴쿠버 동계 올림픽에서는 세계 5위(금메달 기준)의 성적을 거둠으로써 스포츠 강국으로서의 위상을 입증했다. 2010년 11월에는 우리나라에서 G20회의가 열린다. 2012년에는 경

제올림픽이라고 불리는 여수 엑스포가 열리고 이어서 세계 50
개국의 정상들이 모이는 '핵안보정상회의'도 예정되어 있다.
우리나라는 어려움 속에서도 선전하면서 발전하고 있다. 이 과
정에서 2010년 5월에 누구도 예측하지 못했던 '천안함' 피격
침몰사태가 서해 백령도 해상에서 발생(2010.3.26)했다. 국제
공조를 통한 철저한 증거조사로 북한의 소행으로 입증됐다. 국
가안보에는 여야는 물론 국민들 모두 이견이 있을 수 없다. 그
런데 우리나라는 안보에 관한 사항에 대해서도 일체감을 이루
지 못하고 있다.

분명 우리나라는 여러 면에서 선진국 대열에 합류하고 있다.
경제적으로 보면 우리나라는 분명 선진국이다. 국제통화기금
(IMF)이 분류한 선진경제국을 비롯한 OECD 회원국, 이 중에서
도 DAC(원조개발위원회) 회원국, 세계은행(IBRD)이 정한 1인당
국민총소득(GNI) 등 다양한 기관에서 선진국으로 분류하고 있다.
사회적 지표로 봐도 우리는 선진국 대열에 올라 있다. 국제연합개
발계획(United Nations Development Programme/UNDP)의 인
간개발지수(HDI - Human Development Index)나 영국의 주간
지인 이코노미스트 계열사인 EIU(Economist Intelligence Unit)
의 삶의 질(Quality of Life) 지표에서도 우리나라를 선진국 대
열에 올려놓고 있다. 우리나라는 어느덧 우리가 알지 못하는
사이에 선진국 대접을 받고 있다.

그런데 우리는 우리 스스로 선진국 시민이라고 생각하지 않

는다. 그 이유는 무엇일까? 여러 가지 있지만 경제적으로는 선진국 수준에 접근했지만 정치·사회문화적으로는 그렇지 못하기 때문이다. 도덕과 사회질서가 그러하고 남을 배려하고 봉사하는 선진의식이 아직 미흡하기 때문이다.

오늘의 우리 사회는 칭찬하고 격려하는 사회가 아니라 서로가 서로를 탓하는 사회이다. 공익보다 사익에 열중이다. 서로 자기의 이익을 보다 많이 얻기 위하여 갈등하고 싸우고 있다. 국익과 공익을 우선해야 하는 정치인조차 국익보다는 표를 얻기 위한 사익에 몰입하고 있다. 기업과 시민단체 역시 예외가 아니다. 이러다 보니 서로가 서로를 탓하는 사회가 되어 버렸다. 믿음의 상실, 신뢰 부재의 사회가 되어 버린 것이다. 이제는 사회구성원이라면 당연히 지켜야 할 도덕과 윤리마저 지키지 않고 있다. 사회의 보루라 할 수 있는 사법부마저 갈등에 한몫을 더하고 있다. 내 탓이요 하는 사람은 없고 서로가 서로를 탓하고 있다.

이런 상황이다 보니 어느 사이에 우리 사회는 미움이 미움을 낳고 있다. 하나의 사실에 대하여 옳고 그름을 판별하는 것이 아니라 감정을 실어서 싸우듯이 따진다. 객관적인 사실은 도외시하고 평소 자기의 생각만 주장한다. 한 발자국만 뒤로 물러서서 생각해도 그렇지 않다고 판단할 수 있는데도 오로지 자기 생각만 주장한다. 그러다가 소통이 끊기고 미움만 증폭된다.

말은 말하는 사람의 인격을 나타낸다. 오늘날 우리 사회는 상대방의 인격을 고려하지 않고 막말을 다반사로 한다. 배우는 학생들까지 그러하다. 서울의 한 여대생이 학교에서 어머니 같은 연세의 환경미화원에게 막말을 한 사실이 알려지고 여론이 비등하면서 뒤늦게 찾아가서 사과한 일이 있었다. 직업에는 귀천이 없고 실업이 사회의 문제가 되고 있는 상황에서 직업을 인격과 동일시하는 대학생의 태도는 이 시대의 단면을 말해 준다. 이렇게 학생들조차 인성이 말라 가고 있다. 막말을 다반사로 하고 있다. 실제 초중등 학생들 언어 중에는 말인지 욕인지 구분이 안 되는 경우가 많다. 말의 품격저하는 다양한 요인에서 발생한다. 정치인들의 저질 언어가 그러하고 청소년들이 많이 보는 TV 개그 프로그램에서 연예인들의 정제되지 않은 언어 사용은 또 다른 언어의 문제를 유발한다. 여기에 인터넷은 이런 언어를 급속히 전파하는 역할을 한다. 최근 청소년들이 사용하는 유행어는 많은 것들이 방송에서 들은 용어들이다.

우리 사회는 왜 이렇게까지 되었는가? 오늘날 우리 사회가 병든 사회증후군을 앓고 있다. 경제발전에 따른 정신발전이 지체된 때문이다. 경제발전에 골몰한 나머지 사회발전에 등한히 한 결과이다. 이렇게 된 데에는 교육의 문제 등 다양하지만 결과적으로 보면 모두의 책임이다. 어른들의 책임도 크다. 정치 사회 등 각계 지도자의 역할뿐만 아니라 아이들을 선도해야 할 시민들 또한 자기 역할을 방기하고 있다. 예의범절에 어긋난 행동을 하면 어른들이 나서서 잘못된 행동을 지적하고 고쳐 주는 노력을 해야 한다. 그런데 그렇게 하지 않는다. 가르치려 해도 아이들이 들으려 하지 않는다. 옳은 말씀을 해 주는 어른 대하기를 귀찮아한다. 청소년들은 어른들의 가르침을 오히려 간섭으로 생각하는 경향이 강하다.

이러하니 어른들이 잘못을 보고서도 지적을 하려 하지 않는다. 지적하더라도 제대로 들으려 하지 않는다. 심지어 어른에게 대들거나 막말을 하는 경우까지 있다. 이러다 보니 젊은이에게 예기치 않은 봉변을 당할까 봐 어른들이 피한다. 그러다 보니 어른들은 청소년들의 잘못된 언어나 행동을 보고도 못 본 체한다. 이래서는 사회가 제자리를 잡을 수 없다.

우리나라는 동방예의지국이라고 불릴 만큼 예의가 바른 나라였다. 숭례문(崇禮門, 남대문)이나 경복궁 중문인 흥례문(興禮門)을 보면 우리의 선조들이 예(禮)를 얼마나 중시했음을 알 수 있다. 이렇듯 우리는 예로부터 인의예지(仁義禮智)와 같은 사회적 규범이 있었다. 가정에는 효(孝)의 윤리가 나라에는 충(忠)의 자세가 강조되었다. 그런데 오늘날에는 이런 것이 희미해져 버렸다.

전철이나 버스에서 젊은이들이 나이든 사람이나 임산부에게 자리 양보하는 것을 보기 어렵다. 심지어는 나이든 사람들이 앞에 오면 눈을 감는 경우도 있다. 요즘도 담배꽁초나 먹던 것을 길거리에 버리는 것을 심심찮게 보게 된다. 도덕과 예의의 실종이다. 이것이 동방예의지국으로 칭송받던 대한민국의 현주소다.

 ## 왜 이런 현상이 발생했는가?

이런 현상의 원인 중 하나는 정신발전의 지체이다. 우리는 지난 50년간 세계에서 칭송하는 눈부신 경제발전을 이루었다. 산업화 시대에는 경제제일주의를 보완하기 위하여 새마을 운동, 정신문화연구원 설립, 국민교육 헌장 등 정신발전을 위한 노력이 있었다. 특히 새마을운동은 자조 · 자립 · 협동의 공동체 정신을 담고 있다.

그러나 이런 노력이 80년대 들어와서는 없어지고 말았다. 경제발전 과정에서 나타날 수 있는 부작용을 정신발전이 보완하고 이끌어 와야 했는데 그러하지 못했다. 전국적인 새마을운동도 시대변화에 부응하지 못하면서 활동의 폭이 줄어들었다. 대신 그 자리에 물신주의, 과잉이기주의가 들어서면서 천민자본주의 행태가 만연하기 시작했다. 정신발전의 지체현상이 오늘의 이런 상태를 야기한 근본 원인의 하나로 작용했다.

산업화 과정에서 경제발전제일주의는 부지불식간에 목적지상주의를 낳았다. 경제발전 과정에서 목적달성을 위한 수단의 중요성이 부각되고 과정의 중요성은 간과됐다. 정당한 과정을 지키지 않고도 목적한 바를 이루면 된다는 목적지상주의가 만연했다. 소위 결과가 좋으면 잘못된 수단도 합리화될 수 있다는 잘못된 생각이 암암리에 새겨졌다.

그러다 보니 지켜야 할 절차나 과정은 귀찮은 것으로 인식되었다. 오직 목적만 강조하는 의식과 행태가 나타나면서 출세만 하면, 승진만 하면, 돈만 벌면, 좋은 학교에 진학만 하면 등등의 목적지상주의가 만연했다. 이 과정에서 소통과 배려 그리고 공익은 항상 뒷전이었다.

우리 전통에는 선공후사의 정신이 있었다. 공익과 사익이 충돌할 경우에는 사익보다 공익을 우선하는 가치 기준이 있었다. 그러나 요즘에는 가치전도 현상이 나타나면서 공익은 뒷전으로 밀리고 모든 것이 사익을 우선하는 세상이다.

공익보다 사익 우선은 본질적으로 갈등을 초래한다. 심지어는 쓰레기 소각장 같은 공동체에 필수적인 것까지 집단이익에 매몰되어 반대한다. 갈등은 대부분 이익투쟁으로 나타난다. 사익을 강조하면 할수록 갈등은 더욱 심해진다. 사익 앞에 남을 배려하는 마음은 설 자리를 잃게 된다. 이러면 공동체는 약화되고 사회는 갈등과 탐욕의 장이 될 수밖에 없다.

사회발전 지체의 요인은 다양하지만 가정교육 부재에 기인한 면도 크다. 본질적으로 인성과 사회성 교육은 가정에서 이루어진다. 예의범절 교육도 가정에서 주로 이루어진다. 그런데 언제부터인가 우리 사회에서 교육이라 하면 학교교육만 생각한다. 가정교육은 교육의 장에서 사라진 지 오래이다.

가정교육의 핵심은 가족공동체의 의미를 깨우치게 하는 것이다. 집에서 지켜야 할 예의를 배운다. 사회공동체 구성원으로서의 지켜야 할 책무는 학교보다 가정에서 가르쳐 주어야 한다. 그런데 이런 가정교육까지 학교에 밀어 버리고 있다. 그러다 보니 정작 가정에서 배워야 할 예의범절이나 인성교육을 제대로 받지 못하고 있다. 오늘의 사회문제는 많은 부분이 가정교육 부재에서 기인한 면이 크다.

그렇다면 학교교육은 어떠한가? 주지하다시피 입시중심교육이다. 입시 위주의 교육은 공부에 매력을 느끼게 하는 것이 아니라 하나의 목적을 위하여 공부할 수밖에 없다는 강박관념을 심어 주었다. 입시공부는 청소년들의 창의력과 정서를 메마르게 한다. 입시 위주의 공부는 사람 됨됨이 즉 인격 함양이라는 교육목적은 뒤로 가고 입시에 집착하는 획일적인 사고를 가져오는 부작용을 초래하였다. 하나의 가치만 지향하는 의식구조를 낳고 말았다. 이런 교육환경에서 사회적 심성은 길러지지 않는다. 남을 배려하는 공동체 정신은 더욱 길러지지 않는다.

학교교육에서 중요한 것은 성적 못지않게 사람 됨됨이를 가르치는 것이다. 학교는 개인의 존엄성과 자유의 중요성을 가르치고 이를 바탕으로 공동체의 일원으로서 건전한 사회성과 다양성을 길러 주는 곳이어야 한다. 그러나 오늘날 학교교육의 현실은 그 반대로 가고 있다. 이렇게 된 데에는 누구도 아닌 우리들이다. 학교 공동체 구성원 모두의 책임이다. 그런데도 자기 책임이 아닌 타인의 책임, 사회의 책임, 국가의 책임으로 책임을 전가하고 있다.

 ## 어떻게 하여야 하나?

　지금 우리 사회는 '부분적 보완'보다 '근본적 창조'의 관점을 요구한다. 이를 위해 우선 지난날 경제발전 과정에서 야기된 부작용을 최소화하면서 우리의 에너지를 창조의 동력으로 삼을 수 있는 가치관 정립에 노력해 나가야 한다. 과거 발전단계에서는 역동성과 수월성이 중심이 되었다면 이제는 도덕성과 협동성을 중심으로 하는 경제발전과 사회발전이 조화되는 가치를 발굴하여야 한다. 이기적 욕망의 절제와, 타인에 대한 배려, 사회적 신뢰 확충, 상생조화의 정신이 이루어져야 한다. 그래야 서로가 서로를 이해하고 배려하는 더불어 사는 세상이 될 수 있다.

　우리가 사는 사회는 자기 혼자 사는 곳이 아니다. 남과 더불어 사는 곳이다. 남이 있기에 자기도 존재하는 것이며 자기가 할 수 없는 일을 남이 해 주기 때문에 편안히 살아갈 수 있다. 따라서 자기 이익을 추구하더라도 위법 부당한 일을 하면서까지 자기 이익을 추구해서는 안 된다. 과잉 이기주의로 자기 편의만을 위해서 사회공익이나 공중질서를 파괴해서는 안 된다. 남을 배려하고 더불어 살아가는 마음가짐을 가져야 한다. 이것이 공동체자유주의이다.

　공동체자유주의란 개인의 존엄과 자유의 가치를 우선으로

하되 공동체의 소중함도 존중하는 것이다. 개인과 공동체는 별 개의 것이 아니라 서로가 도움을 주는 공존의 관계이다. 그래서 지나친 이기주의 대신에 자기 절제가 요구된다. 자기 절제가 이루어지면 갈등과 싸움은 줄어든다. 오히려 믿음과 신뢰의 사회가 될 수 있다. 그러면 더불어 사는 건강한 사회가 될 수 있다.

오늘 우리 사회에서 가장 필요한 것은 성숙한 시민자질이다. 사회 갈등이나 분열도 그 원인은 성숙한 시민자질이 부족해서 발생한 것이다. 성숙한 시민자질은 바로 도덕과 사회질서를 세우는 것이다. 질서는 남에 대한 배려이고 남에게 폐해를 주지 않으려는 자세이다. 바로 교양인의 자세이다.

교양이란 부드러움이다. 처음 만나는 사람에게도 미소를 짓고 친절함이 묻어나야 한다. 이렇게 되려면 마음의 여유와 사랑하는 자세를 가져야 한다. 교양의 다른 의미는 관용(寬容)이다. 관용은 남을 너그럽게 받아들이는 자세이다. 오늘날 우리 사회에서 차별화로 고통받는 다문화 가정의 문제가 적지 않다. 이런 것이 발생해서는 안 된다. 그러려면 타 문화를 받아들이는 열린 자세를 가져야 한다. 그러나 이것은 쉽게 되는 것이 아니다. 어린 시절부터 교육을 받고 자라야 한다.

건강한 사회가 되려면 경제성장 과정에서 배태된 부작용을 고쳐 나가야 한다. 산업화 과정에서 나타난 인간적인 정과 신뢰의 하락, 윤리의식의 퇴조, 가족공동체의 약화를 고쳐 나가야 한다. 학교교육의 정상화도 지속적으로 추진해야 한다. 우선순위를 정하여서 전통미덕을 살리는 노력을 해 나가야 한다.

오늘날 사회문제의 많은 것이 가족공동체 약화에서 기인한다. 특히 청소년 문제가 그러하다. 이런 의미에서 가족공동체의 복원은 시급하다. 부모에 대한 공경과 자식에 대한 사랑 즉 효와 사랑을 핵심으로 하는 우리 고유의 전통적 가족공동체는 우리가 세계에 보급할 수 있는 좋은 가치이다. 이것을 우선 살려야 한다. 가족공동체는 우선 어른들이 모범을 보여야 한다. 아이들이 어른들의 마음가짐과 행태를 보고 배우기 때문이다. 나아가 아이들에게 더불어 사는 자세를 가르쳐 주어야 한다. 바로 인성과 사회성이다. 선진국은 어릴 때부터 가정에서 이런 교육을 한다. 그런데 우리는 이런 가정교육이 미흡하다. 가정교육을 강화해야 한다.

도덕과 예의는 그 시대를 살아가는 사람들이 지켜야 할 도리이다. 그러나 그 시대를 사는 사람들의 삶의 방식이 변했는데 기존의 도덕이나 예절을 강조하면 인습이 되기 쉽다. 따라서 도덕성 회복은 단순히 전통적 의미의 도덕의 부활이 아니라 현실에 맞게 재정립 되어야 한다.

선진사회가 되려면 재능을 존중하는 사회가 되어야 한다. 우리나라 젊은이들이 이번 동계 올림픽에서 우수한 성적을 거둔 것도 부모가 이들의 재능을 발견하고 일찍부터 격려하고 재능을 키워 왔기 때문이다. 이제는 갈등하고 헐뜯는 사회가 아니라 칭찬하고 격려하는 사회가 되어야 한다. 성과를 내는 사람에게는 그에 합당한 사회적 보상이 있어야 한다. 공익과 국익에 기여한 사람들에게는 경제적 보상은 물론 사회적으로 존경하는 마음이 있어야 한다. 우리 사회에는 부에 대한 편견이 강하다. 이제는 자질과 능력을 발휘하여 이룬 정직한 부(富)에 대해서는 인정하고 오히려 존중할 줄 알아야 한다. 그래야 경제가 발전하고 사회가 발전한다.

오늘날 중요한 현안 과제가 되고 있는 복지문제도 재능을 키우고 이 재능을 발휘할 수 있는 기회를 만들어 주는 데 초점을 맞추어야 한다. 따라서 사회보장제도도 개인의 주도성(initiative)과 일하려는 의지를 약화시키지 않는 방향에서 해 나가야 한다.

역사발전에는 선도그룹의 역할이 중요하다. 특히 지도자의 높은 사회적 신분에 상응하는 도덕적 의무를 지는 자세가 중요하다. 이를 위해 우선적으로 정치인의 자기반성과 법과 도덕을 지키는 자세가 있어야 한다. 당파싸움을 넘어서 국익을 우선하는 자세, 국민을 위하여 일하는 자세를 가져야 한다. 이를 위해 유권자가 관심을 갖고 지속적으로 감시해야 한다. 부패하지 않고 올곧은 자세로 국민을 위해 나라를 위해 일하도록 국민이 감시하고 행동해야 한다.

지도자는 품격이 있어야 한다. 그래야 국민들로부터 신망을 얻는다. 비하적인 표현을 하거나 막말을 하면 언어의 품격은 물론 개인의 품격까지 잃게 된다. 말 한마디, 행동 하나하나까지도 국민을 생각해서 해야 한다. 이유는 국민이 믿고 맡긴 사람이기 때문이다.

선진화는 왜 필요한가?

 경제 · 정치 · 사회 현실

　오늘날 우리가 처한 입장은 개인에 따라서 다를 것이다. 졸업을 앞둔 학생이나 일자리를 찾는 사람 또는 직장에 다니는 사람, 나아가 보다 나은 사회적 지위를 위해서 노력하고 있는 사람 모두가 자기 위치에서 오늘의 현실을 평가할 것이다. 상황과 위치에 따라서 보는 관점에 따라서 다르지만 우리가 보고 느끼는 공통점이 있다. 특히 삶의 현장에서 그러하다. 오늘날 우리나라는 분명 풍요한 나라인데 실제 삶의 현장에서는 살기가 팍팍하고 그늘진 곳이 많다. 분명히 민주주의를 꽃피운 나

라인데 다른 한편에서는 포퓰리즘이 날개를 달면서 민주주의 위기를 맞고 있다. 여·야 갈등, 이념 갈등, 지역 갈등, 빈부 갈등을 넘어서 정책 갈등, 세대 갈등 등 다양한 갈등 때문에 사회적 통합이 현안 과제가 되는 나라이다. 활력이 넘치는 나라 같은데 눈을 돌려 보면 움츠리고 있는 곳이 적지 않다. 평화 속의 안보위협이 그러하고 경제지표는 호전되고 있는데 서민들의 생활상은 여전하다. 대기업들은 경제위기를 역으로 활용하여 세계적 경쟁력을 갖추고 있는데 중소기업은 어렵다고 한다. 왜 겉으로 보이는 모습과 실제에 차이가 생겨나는 것일까?

경제적 어려움 때문이다. 내수경기가 장기간 침체를 겪는 과정에서 2008년 하반기부터 불어닥친 세계적 금융위기는 경제침체를 가속화시켰다. 그 당시에는 1930년대 공황과 비견될 정도로 심각했다. 이 과정에서 경기침체의 골은 더욱 깊어졌고 많은 사람들이 일자리를 잃었다. 일자리 창출의 주체인 기업들마저 미래의 불확실성으로 투자를 미루었다. 이 영향으로 고용이 늘지 않고 있다. 가정에 따라서는 아버지와 아들이 동시에 실업을 겪고 있다. 아버지는 구조조정으로 직장을 잃었고 아들은 대학 졸업 후 취업을 못 하고 있다. 이러하니 풍요를 얘기한들 실감이 나지 않는다. 먼 나라 얘기 같다.

모든 것이 그러하듯이 세상은 항상 어려운 것만 있는 것이 아니다. 빛과 그림자가 같이 존재한다. 그림자는 줄이고 빛을 활용하는 전략이 필요하다. 세계 경기의 장기간 침체는 어려움을 가중시키기도 하지만 새로운 기회를 창출하기도 한다. 이 기회를 우리가 어떻게 활용하느냐에 따라서 경기회복 후 세계 경제에서 한국경제가 리더가 되느냐 그렇지 못하느냐가 결정 된다. 전체를 이끌어 갈 수는 없어도 주요 분야 몇 가지는 우 리가 세계적 경쟁력을 가져야 한다.

머지않은 장래 경기가 살아나면 실업은 어느 정도 줄어들 것이다. 그러나 경제가 성장하더라도 자동화·정보화로 고용 은 크게 늘어나지 않을 것이다. 그래서 우리가 고민해야 할 일 은 고용 증대를 유발하는 산업구조로의 개편이다. 이를 위해 성장 동력으로서 제조업의 지속적 투자와 함께 고용흡수력이 높은 서비스 부문의 경쟁력 제고에 노력을 경주하여야 한다.

우리 정치의 현주소는 어떠한가? 우리는 민주화를 이루었다 고 하지만 우리나라의 정치현상을 보면 민주주의가 무엇인가 에 대하여 고민하지 않을 수 없다. '민의의 전당'이라고 하는 국회는 과연 그 역할을 제대로 하고 있는지 의심스럽다. 서해 백령도 해상에서 천안함 피격침몰 사태가 났는데도 이에 대한 통일된 결의안 하나 제대로 내지 못하는 것이 우리나라 국회이 다. 오늘날 우리나라 국회는 국민의 다양한 의견을 수렴하여 국 회에서 논의를 통해 정책에 반영시키기보다는 오히려 갈등을 조장하고 있다. 갈등이 지나쳐서 난장판 국회를 만들기도 한다. 이렇듯 정치의 품격을 정치인 스스로 떨어뜨리고 있다. 여야가 서로 존중하지 않고 믿음이 없기 때문이다. 이러다 보니 정치가 불신의 대상이고 생산성이 가장 낮은 분야가 되었다.

　이런 상황에서 정치지도자들에 대한 국민의 존경심이 낮아질 수밖에 없다. 실제 정치인들의 행태를 보면 스스로 지켜야 할 직업윤리도 제대로 서 있지 않은 것 같다. 부정부패가 끊이지 않고 있다. 의안을 다룰 때 보면 서로 갖추어야 할 예의도 지키지 않는다. 같이 앉아서 국가대사를 숙의하고 결론을 도출하기보다 비난하고 싸울 때가 더 많다. 싸우다가도 개인 인기를 위해서는 포퓰리즘적 정책도 마다하지 않는다. 선거 때만 되면 지키지 못할 공약을 남발한다. 정치와 행정의 역할, 정부와 기업의 역할도 제대로 지키지 않는다. 기업의 지방 이전 등과 같이 기업들이 판단할 문제를 정치인들이 나서서 하려는 것도 적지 않다. 이런 것들이 쌓이면서 정치가 국민들에게 실망을 주었다. 바로 정치지도자들 스스로 신뢰를 저버렸기 때문이다. 이런 행태는 정치인 개인뿐만이 아니라 정당 역시 마찬가지이다.

　정당은 정당대로 분파와 정파에 따라서 갈등을 보이고 있다. 파벌과 사익정당의 행태가 개선되지 못하고 있다. 정치인은 정책개발이나 국익에 대한 고민보다 계파 줄서기 경쟁을 하고 있다. 이러다 보니 시민을 위해서 지역을 위해서 나라를 위해서 일하는 국회의원이 아니고 정당을 위해서 계파를 위해서 사익을 위하는 정치가 되어 버렸다. 이런 현상을 목도하면서 국민은 정치와 정치인에 대해서 점점 냉소적이 되고 있다.

사회현상은 어떠한가? 문제의 핵심은 법치와 공중도덕의 실
종이다. 우리나라 국민은 언제부터인가 준법의식은 물론 공공
질서조차 잘 지키지 않고 있다. 신호등조차 지키지 않는 사람
이 많다. 담배를 피우고 난 꽁초를 아무런 죄의식 없이 길거리
에 버리는 경우가 허다하다. 요즘에는 음료수를 앉아서 마시기
보다 걸어 다니면서 마시는 경우가 많은데 마신 빈 갑이나 깡
통을 아무 곳에나 버리는 사람을 종종 보게 된다. 심지어 전철
이나 버스좌석에 그냥 놓고 내리기도 한다. 그러면서도 미안한
자세가 아니다.

 이렇듯 우리 사회에는 도리조차 지키지 못하는 사람이 많다.
자기가 잘못하고도 남의 탓이라고 큰소리치는 형국이다. 길거
리에서 차량접촉사고가 나면 먼저 큰소리부터 지른다. 그런데
가만히 보면 잘못한 사람이 그런다. 자기 잘못을 위압으로 해
결하려 한다. 모두가 법의 불공정성을 말하지만 실상은 모두가
법의 공정성과 존엄성을 훼손하는 데 앞장서고 있다.

 데모를 하더라도 법의 테두리 내에서 하는 것이 아니라 위
법과 위반행위가 다반사다. 데모광경을 보면 자기 이익을 위해
서 하면서 다른 사람의 편리성이나 이익은 고려하지 않는다.
길을 막고 데모하면 주변 교통이 엉망이 된다. 시민들에게 커
다란 불편을 주고 있는데도 데모대들은 아무렇지 않게 생각한
다. 오히려 이런 데모형태가 자기들이 기대하는 목적을 이루는
데 유효한 수단이라고 생각한다.

확성기 소리는 얼마나 큰가? 분명히 위법인데도 하는 사람이 오히려 위압적이다. 다수의 힘 앞에 주눅 들다 보니 주변에 사는 사람이나 상인들조차 항의하지 못한다. 이러다 보니 공권력에 대해서도 우습게 본다. 공권력 또한 제대로 권위를 지키려고 노력하지 않는다. 좋은 것이 좋다는 식으로 같이 영합하려고 한다. 이러하니 법치가 설 리 없다.

법치를 어렵게 하는 또 하나의 이유가 공익을 앞세운 이익 갈등이다. 우리 사회에는 공익이 법보다 앞선다고 생각하는 사람이 적지 않다. 공익도 법을 지킬 때 그 유효성이 있는데도 불구하고 공익을 내세워 법치를 피하려 든다. 그런데 그들이 주장하는 공익이라는 것도 알고 보면 공익을 빙자한 이익 챙기기가 많다. 형식은 공익을 주장하지만 실질은 사익을 추구한다. 각종 이익단체의 시위와 갈등이 그러하다.

우리는 지금까지 사회적 갈등을 정치적 문제로 변질시킬 때 문제를 더욱 꼬이게 한 것을 경험을 통해서 알고 있다. 그런데도 우리는 사회 갈등의 문제를 정치적으로 접근하려 한다. 그 결과 세력을 넓히려고 제3자를 끌어들이고 제3자가 당사자인 양 행동한다. 이 결과 우리 사회는 당사자보다 제3자가 나서서 계속 이런 양상을 만들어 내고 있다.

 ## 문화와 국제적 위상은 어떠한가?

문화의 현주소는 어디인가? 먼저 문화에 대한 우리의 자세를 보자. 그동안 우리는 오랫동안 우리의 전통과 문화를 홀대해 왔다. 그러다 보니 우리 것은 서양문물에 비하여 뒤떨어져 있다는 생각들을 암암리에 갖게 됐다. 심지어 외래문화에 대한 환상까지 가졌던 적이 있었다. 그 결과 우리는 우리 전통과 문화에 대한 자긍심을 잃어버렸다. 이 과정에서 우리의 전통과 문화가 많이 사라졌다. 남아 있는 것도 의미가 많이 퇴색했다. 정의주의 문화나 효의 윤리가 그러하다. 우리는 원만한 인격자를 존경하는 포용의 문화, 이웃을 배려하는 문화를 갖고 있었다. 삼강오륜과 같은 가족의 윤리, 가까운 사람끼리의 지켜야 할 윤리가 있었다. 오상으로 일컬어지는 인(仁) · 의(義) · 예(禮) · 지(智) · 신(信)의 덕목(德目)은 우리 전통의 금자탑이다. 그런데 이런 것을 잃어버리고 있다. 이런 전통과 고유문화가 약화되면서 우리의 정신자본도 매우 취약해졌다.

자국의 문화와 전통에 대한 사랑이 약해지다 보니 우리 문화와 전통은 더욱 왜소화되는 경향을 보였다. 이런 상황에서 우리 문화를 세계로 널리 확산시킨다는 것은 생각조차 할 수 없다. 이 결과는 문화의 내향화 현상으로 나타났고 외부 문화에 대한 필터링 없이 수용하는 자세로 나타났다. 문화에도 나쁜 문화가 좋은 문화를 구축하는 현상이 나타났다.

다행히 이런 현상은 경제력이 높아지면서 벗어나기 시작했다. 세계화와 맞물리면서 자기의 정체성에 대한 관심이 높아졌고 전통과 문화의 중요성이 부각되기 시작했다. 특히 중국과 일본을 중심으로 한류바람이 세계적으로 확산되면서 우리 문화에 대한 생각이 바뀌기 시작했다. 이 과정에서 전통과 문화에 대해서 새롭게 조명하려는 시도가 나타났다. 이 과정에서 자기 문화를 알고자 하는 문화의 정체성에 대한 관심도 높아졌다. 우리 문화의 세계화에 대한 관심도 높아졌다.

우리의 국제적 위상은 어떠한가? 우리는 아직 우리의 능력에 맞는 국제적 역할을 하지 못하고 있다. 건국과 해방 이후 어렵던 시절에 우리는 외국으로부터 많은 도움을 받았다. 건국 이후 우리나라는 식량이 늘 부족했다. 식량이 얼마나 없었으면 보릿고개, 초근목피(草根木皮)로 연명했다는 말이 자연스럽게 회자되었을까?

오늘의 젊은이들은 이런 말을 하면 어느 시절 얘기 하느냐고 반문하지만 우리 역사에서 이런 시간은 얼마 되지 않는다. 바로 이 시대를 함께 살아가고 있는 50대 후반 60대의 연령층에서 겪었던 얘기이다. 이런 어려운 시절에 우리가 극복할 수 있었던 것은 우방국들의 식량과 개발원조에 힘입은 바 컸다.

외국으로부터 도움을 받은 것은 식량과 개발원조뿐이 아니다. 6·25전쟁으로 나라의 운명이 기로에 있었을 때 아무 연고 없는 외국의 젊은이들이 자유를 위해 목숨을 바치면서 우리나라를 구해 주었다. UN의 깃발 아래 16개국의 군사들이 낙동강 이전까지 밀렸던 우리나라를 구한 것이다. 미국의 주요 대학 학생회관에 붙은 자유를 위해 목숨을 바친 사람들의 명판에는 한국전쟁에서 숨져 간 동문들의 이름이 새겨져 있다. 그들은 아무 연고가 없는 남의 나라에서 고귀한 생명을 바쳤다. 이들 젊은이들의 희생과 자유를 사랑한 국가와 국제기구의 도움이 없었다면 오늘날과 같은 대한민국의 풍요는 이루어질 수 없었을 것이다. 자유민주주의도 시장경제도 지켜낼 수 없었을 것이다. 오늘 우리나라가 이렇게 성장할 수 있었던 것은 이들이 우리를 도와주었기 때문이다.

1947년에 출범한 GATT체제도 우리의 경제발전에 크게 기여했다. GATT체제는 관세장벽과 수출입 제한을 제거하고, 국제무역과 물자교류를 증진시키는 데 목적을 두고 있다. 그래서 수출입 제한을 원칙적으로 폐지하면서 관세율을 인하하고 최혜국 대우로 후진국의 선진국 시장 진입을 용이하게 했다. 수출 주도의 우리나라 경제발전정책이 성공을 거둘 수 있는 토양을 제공해 준 것이다. 이렇듯 우리나라는 개별국가나 UN과 같은 국제기구의 도움을 효과적으로 활용함으로써 오늘날과 같은 국력신장을 이루었다.

이 밖에 우리만이 겪고 있는 한반도만의 문제가 있다. 남북관계이다. 바로 분단에 따른 이념과 갈등이다. 대표적인 것이 역사인식과 대북정책의 문제이다. 이로부터 유발되는 비용이 너무 크다. 역사는 삶의 기록인 동시에 사실의 기록이다. 역사는 가치판단이 아닌 사실 그대로의 공과(功過)를 기록한 것이다. 때문에 역사에 대한 논쟁이 있을 수 없다. 그런데도 우리는 역사인식의 문제로 갈등하고 있다. 심지어 근대 역사를 부정하려고까지 한다. 역사를 부정한다고 해서 역사가 없어지는 것은 아닌데도 말이다.

역사는 우리가 누구인지 뿌리와 정체성을 알려 준다. 역사를 통해 우리 선조들이 살아온 발자취를 알 수 있고 미래의 방향을 잡을 수 있다. 애국심과 국가관 형성은 올바른 역사인식에서부터 출발한다. 긍정적 역사관 없이 제대로 된 애국심이나 국가관이 형성될 리 없다. 올바른 역사관은 자국의 역사에 대하여 긍정적이며 객관적인 시각을 가질 때 가능하다. 역사의식은 다른 나라 역사에 대해서도 객관적이고 공정한 시각을 가져야 한다.

역사는 사실로만 말하면 된다. 모든 것은 그 시대의 문헌과 증언이 증명한다. 그런데도 우리는 북을 바라보는 인식의 차이로 계속 갈등을 유발하고 있다. 남북분단의 원인 문제, 6 · 25 전쟁을 누가 일으켰느냐의 문제, 심지어는 객관적 물증이 명백하게 드러난 천안함 피격침몰사건의 행위자에 대해서까지 갈등하고 있다. 이러다 보니 정작 통일논의는 제대로 하지 못하고 지나간 과거를 가지고 옳으니 그르니 논쟁하고 있다.

남북이 분단되면서 이념과 체제가 다른 상황에서 반세기 이상을 살다 보니 남에서 북을 바라보는 사람들의 인식 차이는 불가피하다. 정당에 따라서 대북정책과 통일정책에서 입장의 차이도 당연하다. 우리는 반세기가 넘는 분단 상황에서 체제문제를 비롯한 다양한 부문에서 경쟁이 있었다. 이제 자유민주주의와 시장경제체제로 결론이 난 상황인데도 갈등은 지속되고 있다.

선진화 지향목표는 무엇인가?

 패러다임이 바뀌고 있다

우리는 건국 이후 지난 60년에 걸쳐서 산업화 민주화에 성공한 나라이다. 세계 제2차 대전 이후 독립한 나라 중 우리나라처럼 번영한 나라는 찾기 힘들다. 그만큼 우리나라는 성공한 나라이다. 그럼에도 불구하고 우리나라는 오늘날 많은 어려움에 봉착해 있다. 이 어려움을 슬기롭게 극복하고 행복한 가정, 건강한 사회, 풍요 속에 살기 좋은 나라를 만들어야 한다. 바로 우리가 추구하려는 선진국의 모습이다. 그래서 그 과정에서 선진화가 중요하다.

그러나 주어진 현실은 녹녹하지 않다. 특히 2001년 미국에서 발생한 9·11테러 이후 세계의 정치·외교·국방 등 지형이 바뀌고 있다. 미국 주도는 변함이 없지만 그 역할은 상대적으로 약화되고 있다. 반면 중국의 역할이 증대되고 있다. 우리나라와 일본, 중국을 중심으로 하는 새로운 축이 형성되면서 대서양 시대가 가고 태평양 시대가 오고 있다고 전망하는 사람도 적지 않다. 이런 세계질서가 재편되는 과정에서 2008년 9월 미국발 금융위기는 전 세계의 경제침체를 유발했다. 한 국가의 문제가 전 세계적으로 급격히 확산된 것이다.

이번 경제위기는 각국 정부가 긴밀한 정책 공조를 하면서 안정을 찾았다. 안정을 찾아서 경제회복을 하려는 시점에서 다시 그리스를 비롯한 포르투갈, 이탈리아, 아일랜드, 그리스, 스페인 등 남유럽발 국가부채가 경제회복의 발목을 잡고 있다. 이 중 제일 먼저 경제위기가 현재화된 그리스는 2010년 5월 EU와 IMF의 공동 구제지원 발표로 위기는 넘기고 있지만 회복기의 세계경제를 다시 지연시키는 역할을 하고 있다.

아직 어려운 상황이지만 그래도 이번 경제위기가 끝나고 나면 많은 변화가 나타날 것이다. 이미 경제위기 극복과정에서 변화가 나타나고 있다. 각국은 공히 경제의 안정성을 강조하면서 정부 개입을 확대하고 있다. 정부와 시장과의 관계 조정이 나타나고 있다. 원래 정부와 시장은 대립적 관계가 아니라 상호 협력적 관계이다. 그 역할의 비중을 어디에 두느냐에 따라

서 정부주도 또는 시장주도로 구분된다. 그러나 이번 경제위기
는 전통적인 이런 분류법을 넘어서는 새로운 패러다임을 요구
하고 있다. 특히 창조적 자본주의 실현 주체로서 기업의 역할
과 지원자로서의 정부의 역할 그리고 시민단체 등을 포함한 경
제주체들의 새로운 역할이 모색될 것이다.

전 세계가 겪는 경제위기 과정에서 우리나라는 비교적 선방
하고 있다. 많은 전문가들은 이번 세계경제위기 과정에서 침체
를 벗어나 경제성장을 이룰 수 있는 선도국가로 대한민국을 꼽
고 있다. 현재 우리나라 경제는 고용률이 낮고 실업자가 많은
상황이라 아직 경기회복이 유동적이다. 그럼에도 불구하고 상
대적으로 탄탄한 산업생산, 실물 경제가 호전기미를 보이고 있
다. 무역수지는 환율에 영향받은 바 크지만 여하튼 흑자를 내
고 있다. 이런 상황에서 사회적 갈등이 사회통합으로 바뀌고
정치가 제대로 작동하면 우리는 다시 일어설 수 있다. 그런데
과정이 문제이다. 그동안 우리는 정신자본의 약화와 추구해야
할 가치를 잃어버렸기 때문이다.

분명 경제위기 이후 세계는 종전과 다른 새로운 패러다임이
등장할 것이다. 이미 이런 현상이 나타나고 있다. 이럴수록 추
구하는 이념과 가치가 분명해야 한다. 앞서 이념과 가치로 공동
체자유주의를 제시한 바 있지만 우리가 추구하는 가치는 자유
를 기반으로 한 창의성 발휘를 촉진하는 것이어야 한다. 여기에
이웃에 대한 배려, 경쟁에서 뒤처진 사람들의 자립능력 제고를

통해 소외계층과 더불어 살아가는 그런 모습이어야 한다.

주지하다시피 시대적 목표는 선진화이다. 우리가 추구하는 선진국은 자유와 민주가 만개하고 시장경제가 활성화된 나라, 사회정의와 국민복지가 실현되는 나라, 그리고 국제적으로 믿음과 존경을 받는 나라이다. 이런 나라는 작게는 국민 개개인의 나눔과 섬김, 사랑하고 신뢰하는 마음과 책임의식에서 이루어진다. 이렇게 될 때 국제적으로도 인정받는 자애심과 자긍심을 가진 국민이 모여 사는 선진국이 될 수 있다. 선진화는 바로 이런 나라를 만드는 노력의 과정이다.

 ## 분야별 선진화 목표를 설정하고 실행해야 한다

정부 수립 후 지난 60년 동안 대한민국은 산업화와 민주화를 거쳐 근대화에 성공한 나라이다. 그런데 우리는 지금 근대화의 성공에 취해서 더 이상 발전하지 못하고 있다. 사회적 갈등과 분열이 도를 넘고 있다. 자칫 여기에서 멈추고 퇴보하지 않을까 하는 걱정이 많아지고 있다. 그러나 지금까지 발전 과정을 보면 걱정이 우리를 분발하게 했고 어느 정도 성공도 했다. 이제 우리는 선진화를 위해서 다시 분발해야 한다.

첫째, 안정적인 경제성장이다. 2008년 전 세계가 경제위기 이후 완전한 회복을 보이지 못하고 있다. 오히려 2010년 봄 남부 유럽발 국가부채에 의한 재정위기가 다시 경제회복을 지체시키고 있다. 정부의 막대한 적자와 부채는 세금을 올리고 정부지출을 줄여서 빚을 갚아야 한다. 이런 긴축정책은 경제회복을 어렵게 하고 새로운 경제위기를 유발할지 모른다. 2008년도 민간금융발 경제위기를 구했던 정부가 이제 자신을 구제해야 하는 상황이 되었다. 그러나 그동안 경제위기에 대처하느라 진이 빠진 정부들이 재정긴축을 강행할 만큼 정치적 힘과 의지가 있는지 의심스럽다. 국가부채는 우리도 안심할 상황이 아니다. 2008년 하반기 이후 우리도 경제위기를 극복하기 위하여 지속적으로 재정지출을 늘려 왔다. 국내총생산(GDP) 대비 국가채무 비율은 지난해 33.8%로 전년(2008년)에 비해 3.6%포인트 오르는 등 상승세가 계속되고 있다. 재정의 안정성이 높았던 우리나라도 공기업을 포함한 재정부채는 걱정할 수준으로 늘어났다. 언론(매일경제, 2010.05.09)은 나랏빚과 공기업 부채를 584조 원으로 GDP의 50% 수준으로 보도하고 있다. 우선 재정의 안정화를 기하는 데 모든 노력을 경주해야 한다.

단기적 과제 해결과 함께 중장기적 경제목표를 설정해야 한다. 우선 1인당 국민소득이 2만 달러를 넘어서 3만 달러 이상은 돼야 한다. 단순히 1인당 국민소득만 높은 게 아니라 고용률이 높고 양극화와 빈부격차가 줄어든 폭이 넓은 중산층이 두터운 항아리형 소득구조가 되어야 한다.

둘째, 산업화와 민주화 다음의 정치적 과제는 자유화이다. 먼저 정치의 후진성을 극복해야 한다. 정치 후진성은 지도자 개개인의 문제도 있지만 제도의 문제도 적지 않다. 제도적 문제에서는 파벌정치, 사익정치의 원천인 정당구조를 고쳐야 한다. 가치정당, 정책정당으로 바꾸는 정당개혁이 있어야 한다. 정당을 개혁하지 못하면 공천 과정의 비합리성과 불투명성이 지속될 것이며 계파보스에 줄을 댄 사천(私薦) 후보들이 연고 경쟁을 벌일 것이다. 이렇게 해서 당선된 국회의원들은 정책 경쟁, 비전 경쟁 대신 사익과 포퓰리즘을 우선하게 된다. 아르헨티나가 선진화에 실패한 것도 포퓰리즘 때문이었다. 우리나라 역시 이와 크게 다르지 않음을 경험했다. 이런 문제를 고쳐 나가는 작업이 필요하다. 싸우는 정치가 아니라 국민을 편안하게 하고 나라를 발전시키기 위해 토론하고 대안을 강구하는 정치를 해야 한다.

우리 정치의 또 다른 문제는 지도자 교육 부재이다. 지도자는 품격이 있어야 한다. 그래야 국민들로부터 신망을 얻는다. 비하적인 표현을 하거나 막말을 하는 지도자를 뽑아서는 안 된다. 지도자가 막말을 하면 언어의 질 저하는 물론 개인의 인격 나아가 나라의 품격까지 잃게 된다. 그래서 지도자는 말 한마디, 행동 하나하나까지도 국민을 생각해서 해야 한다. 이유는 국민이 믿고 맡긴 사람이기 때문이다. 도덕성과 정직성도 중요하다. 그런데 우리나라의 지도자들은 이런 덕목에 약하다.

이제부터라도 지도자의 품성과 역량을 높이는 지도자 교육을 강화해야 한다.

셋째, 법치(法治)와 예치(禮治)가 공존하는 사회적 선진화이다. 법치가 바로 서는 동시에 사회 구성원들이 내적인 도덕률에 따라 공동체적인 삶을 사는 사회가 되어야 한다. 그래야 법치와 예치가 이뤄진다. 법치와 예치가 이뤄지면 사회 갈등은 줄어들게 된다. 이렇게 되려면 정신적 자본이 중요하다. 물적 발전 못지않게 더 중요한 것이 정신자본임을 새롭게 인식하여야 한다. 물적 자본이 경쟁을 통한 역동성과 수월성에 기초한다면 정신자본은 정직성과 도덕성 그리고 협동심에서 이루어진다. 이제는 자유와 혁신에 기반을 둔 개인의 발전을 넘어서서로가 믿고 신뢰하는 사회발전을 도모해야 한다. 절제와 배려의 도덕성을 기르고 자기통제를 강화해야 한다. 공정함과 조화로움을 기초로 협력을 증대시키고 서로의 믿음으로 사회통합을 이루어 나가야 한다. 건강한 사회가 되려면 정신자본의 발전뿐만 아니라 법치가 이루어져야 한다. 법치는 지킬 수 있는 법을 만들고 이 법을 공정하게 집행하는 과정에서 이루어진다. 우리의 현실은 문제가 발생하면 엄정한 법의 준수보다 힘을 앞세워 해결하려 한다. 법과 원칙보다 힘으로 해결하려는 자세로는 사회질서가 설 수 없다. 이제는 이런 행태를 고쳐야 한다. 법을 위반해도 목소리가 큰 사람이 이긴다는 사고부터 고쳐야 한다. 그러려면 선(先) 관용(寬容)・후(後) 법집행(法執行)

방식이 아니라 선(先) 법집행(法執行)·후(後) 관용(寬容) 방식으로 바꿔야 한다.

공동체사회는 상대방을 헤아리는 배려와 역지사지하는 마음에서 만들어진다. 여기에서 중요한 것이 발전 과정에서 뒤처진 사람들에 대한 배려이다. 이는 이기심을 절제하고 타인에 대한 따뜻한 마음에서 가능하다. 이런 사회적 기풍이 사회 전체에 널리 퍼져야 한다.

넷째, 다문화공생사회를 이루고 새로운 문화적 글로벌 스탠더드를 만드는 문화 선진화가 이루어져야 한다. 우리는 이미 다문화 사회이다. 외국인뿐만 아니라 귀화 외국인이 100만 명을 넘은 지도 오래이다. 그런데도 이들이 살아가는 데 어려움이 많다. 언어의 차이로 신분의 차별로 이들이 겪는 고통은 이만저만이 아니다. 이제 서로 다름을 인정해야 한다. 그리고 배타적이고 차별적인 자세를 고쳐 나가야 한다. 나아가 적극적인 사고를 가져야 한다. 다문화 가정의 자녀들을 어떻게 키우느냐에 따라서 미래 우리나라의 유능한 인재가 될 수 있다. 다문화 가정의 자제들은 2개국 언어와 문화를 배울 수 있다. 이는 세계화 시대 아주 유용한 자산이 될 수 있다. 주어진 인적 자산을 제대로 활용하려면 먼저 열린 자세를 가져야 한다. 그러려면 남의 것을 존중하고 이해하는 자세를 가져야 한다. 나아가 다른 나라와 인적·물적 교류를 통해서 상호 이해를 넓혀 나가야 한다. 한 발자국 더 나가서 그동안 외래문화 수용중심에서 이제는 발신형의 문화를 만들어 내야 한다. 문화도 경쟁력이 있어야 한다. 그러려면 먼저 우리 스스로 우리 것에 대한 애정을 가져야 한다. 이를 바탕으로 우리의 것을 아끼고 가꾸어 나가야 한다. 우리 전통문화의 고유함과 독특함 그리고 세계인이 이해하기 쉬운 보편성을 가질 수 있는 문화로 발전시켜 나가야 한다. 그리고 이를 세계로 전파시키는 노력을 해야 한다.

다섯째, 인류 보편적 발전에 기여하는 국제공헌 국가가 되어야 한다. 세계는 우리에게 G20 정상회의 멤버로서의 역할을 요구하고 있다. 이제 대한민국은 세계가 인정할 만큼 위상이 높아졌다. 경제력 또한 외국에 도움을 줄 수 있을 정도가 됐다. 누가 요구하지 않아도 우리 스스로 세계경제질서를 이끄는 선도국가로서의 역할을 해 나가야 한다. 현재도 평화유지군 파견이나 정부개발원조(ODA: Official Development Assistance)를 하고 있지만 이런 역할을 보다 다양한 분야로 확대해야 한다. 나아가 우리의 발전경험을 후진국에 전수하여 이들 국가들이 빈곤을 탈출할 수 있도록 다양한 국제적 지원 및 서비스를 적극적으로 전개하여야 한다. 여기에서 유념할 것은 우리나라의 안보와 국가경쟁력 강화를 고려한 세계전략 차원에서 국제공헌을 해야 한다는 점이다.

끝으로 우리 민족의 염원인 통일이다. 이제는 분단의 영구화론에서 통일론으로 나가야 한다. 최근 북한문제는 먼 훗날의 문제가 아니라 오늘의 문제로 다가오고 있다. 대비를 해야 한다. 정상적인 통일 준비를 하면서도 갑자기 닥쳐올 통일에 대한 대비를 하여야 한다. 먼저 정치, 경제, 사회, 문화 각 분야에 대한 철저한 준비를 해야 한다. 특히 주변 국가와의 외교문제도 관심을 갖고 대비해야 한다. 먼저 큰 그림을 갖고 실행해야 한다. 한반도 통일이 동아시아의 평화와 번영에 이바지하는 길임을 이들에게 설득하고 공유해 나가야 한다. 나아가 한반도 통일이 동아시아 평화와 번영에 이바지하는 동아시아 공동체 구상을 밝혀야 한다.

 창조적 선진화를 만들어 가야 한다

우리가 선진화를 추구하는 것은 행복한 삶을 이루기 위해서이다. 이를 위해서 경제적으로 풍요하고 정치적으로 자유화와 민주화를 꽃피우는 나라를 만들어 가는 것이다. 나아가 갈등하는 사회가 아니라 협력하고 더불어 살아가는 사회, 평화스럽고 문화적 삶을 향유하면서 능력에 맞는 국제공헌을 할 수 있어야 한다. 특히 가족공동체와 사회공동체가 건강해야 한다. 화목한 가정과 이웃과 타인에 대한 배려가 있는 건강한 사회가 되어야 한다. 이런 사회는 개개인의 교양과 질서의식이 결정한다. 교양과 질서는 부드러움과 배려에서 나온다. 이런 것을 하려면

불가피하게 자기 절제가 필요하다. 갈등과 미움을 이겨내고 사랑으로 상생과 협력의 공동체를 일구어 나가야 한다. 이런 개인의 인격 수준이 높을수록 선진화된 사회가 될 수 있다.

선진사회는 개인의 자유와 자발성을 존중해 주는 사회이다. 개인 간 또는 집단 간의 충돌을 조화롭게 조정하는 사회이기도 하다. 그러려면 리더십이 제대로 발휘될 수 있어야 한다. 여기서 리더란 각 분야 소조직에서의 역할도 포함한다. 품격과 예의가 몸에 밴 성숙한 시민적 자질 또한 필요하다. 이런 자질은 가정과 학교에서 학습을 통해서 이루어진다. 하지만 이 못지않게 중요한 것이 전반적인 문화적 소양이다. 사소한 말 한마디, 행동일지라도 그 모습은 문화적인 성숙도에서 나오기 때문이다.

선진화는 누구를 모방해서 되는 것이 아니다. 스스로 만들어 가야 한다. 그래서 우리가 추구하는 선진화는 모방이 아닌 창조적 선진화이다. 이번 세계 경제위기를 겪는 과정에서 세계 어느 선진국도 우리의 벤치마킹 대상이 될 수 없음을 알았다. 이제부터 우리는 스스로 모델을 만들고 발전시켜 나가야 한다. 우리나라의 발전뿐만 아니라 후진국과 개도국 모델이 될 수 있는 우리 고유의 국가발전 모델을 만들어야 한다.

무엇보다 우리가 그동안 이룩한 산업화와 민주화 그리고 신자유주의의 출발인 '워싱턴 컨센서스'를 넘어서는 중진국에서 선진국으로 도약할 수 있는 한국식 발전 모델과 선진화 모델을 만들어 내야 한다. 시대의 흐름에 맞고 미래를 제시하는 발전 모델이 되어야 한다. 새로운 발전 모델은 '서울 컨센서스'라고 명명해도 좋을 것이다. 이를 위해 한국의 전통과 문화의식에 맞는 성숙한 국가, 이상적인 국가가 무엇인지 끊임없이 고민하고 토론해 나가야 한다.

다시 강조하지만 선진화는 거창한 것이 아니다. 우리 생활 주변에서 작은 일부터 실천하면 이루어질 수 있다. 그리고 각 주체가 믿음으로 협력하고 경쟁하면서 자기 분야에서 최선을 다할 때 성취할 수 있다. 특히 지도자의 솔선수범 자세가 중요하다. 결론적으로 대한민국의 선진화는 '민주주의 이후' 성취해야 할 과제로서 '분단 극복과 통일'을 비롯한 선진국이 되기 위한 모든 것을 아우르는 개념이다.

이용환 ————————————————————————————

성균관대학교 행정학과를 졸업하고 동대학원에서 경제학 석사와 행정학 박사학위를 받았다. 전국경제인연합회 상무, 전국경제인연합회 국제경영원 전무(부원장), 한국경제연구원 초빙연구원, 한반도선진화재단 사무총장 등을 역임했으며 석탑산업훈장을 받았다. 사법시험위원회 위원, 노사정위원회 상무위원, 최저임금심의위원회 위원, 한국 행정학회 이사, 한국규제학회부회장과 건국대학교, 동국대학교, 동덕여자대학교, 성균관대학교 등에서 겸임교수와 강사 그리고 동국대학교 위촉입학사정관을 지냈다. 현재 한반도선진화재단 선임연구위원으로 재직 중이며 한국사회정책학회 감사와 한국가스기술공사 사외이사를 하고 있다. 주요 저서로는 『21세기 사랑의 충전소 '공동체'를 세우자』, 『선진화 시대의 빈곤정책-새로운 모색』, 『디지털 사회의 경제와 문화』등이 있다

실업시대 희망사전

초판인쇄 | 2010년 8월 27일
초판발행 | 2010년 8월 27일

편 저 자 | 이용환
펴 낸 이 | 채종준
펴 낸 곳 | 한국학술정보㈜
주   소 | 경기도 파주시 교하읍 문발리 파주출판문화정보산업단지 513-5
전   화 | 031) 908-3181(대표)
팩   스 | 031) 908-3189
홈페이지 | http://ebook.kstudy.com
E - m a i l | 출판사업부 publish@kstudy.com
등   록 | 제일산-115호(2000. 6. 19)

ISBN   978-89-268-1368-3 03330 (Paper Book)
          978-89-268-1369-0 08330 (e-Book)

이담 Books 는 한국학술정보(주)의 지식실용서 브랜드입니다.

이 책은 한국학술정보(주)와 저작자의 지적 재산으로서 무단 전재와 복제를 금합니다.
책에 대한 더 나은 생각, 끊임없는 고민, 독자를 생각하는 마음으로 보다 좋은 책을 만들어갑니다.